日本の神さま

拝借しちゃ

ルール

——令和・龍神 読み解き「古事記」

小野寺S一貴

大和書房

はじめに――――清々しくて、ありがたい。神様からパワーをもらえる本

「もしも、なりたい自分になれたなら……」

それは大昔から、人間の大きな願いであり生きる上でのテーマでした。

どう生きれば幸せな自分になれるのか？

そのためには何が必要か？

人類が進化して科学が発達するたびに、生活はどんどん便利になりました。

だけど、大切なテーマの答えだけはいつまで経っても見つからずに、いまだに同じ問いが繰り返されています。

答えを見つけたと思っても、それはいつも期待外れ。

なぜなら、「たったひとつの原則」、

「間違いのないアプローチ方法」、
そんなもの存在しないから。

それでも、日本人にはある武器がありました。

それは、約1300年も前に編纂された一冊の歴史書、その名も『古事記』。

そこには、成功の秘訣とか、幸せになるためのノウハウなどが……なんと、少しも書かれていません！　そこに描かれているのは、失敗と挫折を繰り返してはその都度立ち上がり、この日本を作り上げてきた神々のあけすけな物語だけです。

僕たちの人生となんだか似ている物語、それが古事記。

たったひとつの方法はないけれど、**一人ひとりが成功してなりたい自分になるためのヒント**が、ちゃんとそこに書かれています。

日本の神々が、身をもって示してくれた物語から、現代の僕たちが学んでいく。いや、元気をもらって「なりたい自分になっていく」ために必要なことを教えてもらう。

どんなに時代が変わっても、科学が発達しても、変わらない真実がここにあるとしたら、どうでしょう？　知りたくありませんか？

この本を読み終わったら、きっとあなたはこの中の神様の誰かになっているはず。

この本は「あなたのための一冊」です。

たくさんのヒントを手に入れるため、古事記への旅をしましょう。

日本の神さまから拝借しちゃう人生のルール　もくじ

序章

初発の神々の話

この神様の中に、あなたはいます

天と地と、そして神々の誕生

すべてはここから始まった

1章

イザナギとイザナミの物語

失敗からの立ち直り方

日本初の夫婦神・イザナギとイザナミのラブストーリー

日本は、そして神様はこうして生まれた

2章 アマテラス、スサノオ姉弟の物語

葛藤と打開

最高神アマテラスと乱暴者スサノオ

姉弟の確執と成長の果てに

3章 オオクニヌシの国造り

自分の思いを形に

葦原中国の平定へ。史上初のザ・下剋上

泣き虫オオクニヌシが地上の王になる

4章

オオクニヌシの国譲り

みんなの幸せを考える

前代未聞!? 神様同士の国盗り合戦勃発

アマテラスのワガママとオオクニヌシのスーパー交渉術

5章

天孫降臨の物語

口は幸せを呼び、災いをも引き寄せる

天上の神、ついに地上へ!!

「口は災いの元」を地で行くニニギが血をつなぐ

6章 海幸彦と山幸彦の物語

チャンスは人が運んできてくれる

ある兄弟げんかから人生がわかる。海幸彦と山幸彦の物語

「最強の血筋」に山と海の霊力が備わったなら

7章 神武天皇誕生

謙虚さを忘れない

初代・神武天皇誕生の物語

人は皆、太陽と共に生きている

登場人物紹介

本書を始める前に、日本の神様の物語『古事記』の世界をナビゲートしてくれる龍神と、生徒役の僕たち夫婦の自己紹介をします。

■小野寺S一貴（タカ）

かつては大手企業でエンジニアだった、根っからの理系人間。物事を論理的に考えるのが得意だが、以前は、あまりに堅物で融通が利かないために、ガガに見放された過去がある。そのピンチを、黒龍とコンビを組むことで乗り越え、崖っぷちからなんとか這い上がる。「我の教えを世に伝えるがね」というガガの言葉に従って、現在、作家として奮闘中。

■ワカ

タカの妻。子供の頃から「見えない世界」がわかる人だったが、長い間、自らの身に起きる様々なことをスルーし続けてきた、自称「無神論者のリアリスト」。しかし、タカとの結婚や、ある日出会ったガガから授けられた「龍神の教え」を実践したのを機に、人生が瞬く間に好転することを実感し、「神様はいる」に鞍替えした。

■ガガ

タカの妻・ワカを子供の頃より守護している白い龍神。しゃべるとき、なぜか語尾に「〜だがね」が付く（名古屋弁？）。「守っている人間のランクが下がると、我が神様から叱られるがね！」と、タカ・ワカ夫婦の指導に力を入れるためにやってきた。本書では、龍神の上司に当たる神様たちの物語『古事記』の世界をナビゲートする。

■黒龍

ガガの采配により、タカとコンビを組むことになった黒い龍神。かつては頭と心が固く、一人よがりで、他の龍神と馴染めなかった「落ちこぼれ」龍神。しかしタカと共に様々な試練を乗り越えたことで、立派な龍神に成長した。今では、ガガの教えをわかりやすく解説してくれる、頼りになる龍神様。メガネがトレードマーク。

ちなみに、ガガの声は僕には直接聞こえないので、本書のガガや黒龍との会話は、ワカが仲介してくれた言葉をもとにわかりやすくまとめたものです。

それでは、読むだけでワクワクしてくる日本神話の世界へようこそ。

さあ、はじまり、はじまり。

序章

初発の神々の話

この神様の中に、
あなたはいます

天と地と、そして神々の誕生

——すべてはここから始まった

かつて、この世には何もありませんでした。

やがてどこからともなく、天と地が出現しました。

すると、それに呼応するように、初めての神様が出現されたのです。

その名をアメノミナカヌシといい、今なお宇宙の根源神とされている神様です。

そして、それを合図に、タカミムスヒが、そしてカミムスヒが現れました。この三柱（神様は一柱、二柱と数えます）の神様は、「造化の三神」と呼ばれています。

ちなみにその後、アメノミナカヌシの登場はありませんが、タカミムスヒは天つ神（高天原の神様）であるアマテラスの、カミムスヒは、国つ神（地上の神様）であるオオクニヌシの、それぞれ庇護者として活躍します。

そして、この三柱が姿を隠すと、続いてまだ固まらず漂っていた地上から、芦が芽吹くようにウマシアシカビヒコジ、アメノトコタチがあらわれました。

ここまでの五柱は特別な神様として「別天つ神」と呼ばれていますが、この二柱もすぐに姿を隠してしまいました。

これに続き、クニノトコタチとトヨクモノがあらわれますが、これまた姿を隠されます。あらわれては身をひそめ、生まれては雲隠れ。なかなかミステリアスな神様たちです。ちなみに、ここまでの七柱はみんな男女の区別がありませんでした。

そして、ここからついに男女の神様が五組、続々と誕生します。

この五組の男女神と、クニノトコタチ、トヨクモノを総称して「神世七代」と呼ばれています。

そして、その最後にあらわれたカップルこそが、今後の神様の物語の原点となるべき、イザナギとイザナミだったのです。

世界が先か？　神様が先か？　さあ、どっち？

「というわけで。この日本の神様の物語で**重要なポイントが、ことの起こりの神々の誕生に隠されていた**のだよ。おっと、申し遅れたがね。我はこの本でナビゲーターを務める偉大なる龍神、ガガなのだ」

そう言って白いヘンテコな龍神は、腰に手を当ててエッヘンと胸を反らした。

「ちょ、ちょっと待ってくださいよ。勝手に話を進めては読者の皆さんが混乱するでしょ！」

そう言って僕は、ガガの前に割って入る。

あ、すみません。こちらも申し遅れました。私、小野寺S一貴と申します。通称タカと呼ばれておりますので、以後お見知りおきを。

そして、この龍神ガガというのが、僕の妻ワカを守ってくれている龍神です。

かつて、「守ってるヤツがだらしないと、我の格まで疑われるがね！」と、突然あらわれて、僕たちを厳しく教育してくれている、まあ、多少性格は変わっていますが、ここまで僕たちを育ててくれた、大変ありがたーい龍神様です。

ちなみに僕にはガガの声は聞こえませんので、話はすべて見えるひとである、妻のワカさんを介しているということでご理解ください。

「ワカです。よろしくお願いします」

と、妻も挨拶を済ませたところで、話を進めることにします。

「で、ガガさん。重要なポイントが今の冒頭の物語に隠されているって、どういうことでしょう？」

「まず、**世界と神様、どちらが先に生まれた**かね？」

ガガにそう問われて僕は、古事記の冒頭を思い返した。

「初めて天と地が出現して、その後で神様が生まれた……」

呟（つぶや）くように言うと、ガガがニヤリと笑みを浮かべる。

「その通りだ。**そこが外国の神様との大きな違い**なのさ」

日本の神様と外国の一神教の神様との一番の違いが、実はここにあるという。

旧約聖書の冒頭では、神様が6日間で世界と動植物と人間を創造した様子が描かれ、7

日目に天地創造の完成を宣言している。北欧神話ではオーディンがユミルという巨人を倒し、その死体から世界を創造した。ギリシャ神話に至っては、神様そのものが天地となっていくというコンセプトで描かれている。

その根底には、「神様は完璧でなければならない」という概念があるわけだ。なぜなら、神様が不完全では世界そのものが不完全だということになってしまうから。それでは元も子もない。

「しかし日本は少々違うがね」とガガは言う。

世界があり、その後に神様が誕生した。**だから、神様は完璧である必要はない。**

「その考えが、八百万（やおよろず）の神々という概念を生み出したともいえよう。**完璧でないから助け合って生きていく。人間も神様も同じなのだよ**」

ガガは、僕たちにゆっくりと視線を巡らせて続けた。

「そして、それこそが日本人の強さの秘密といえるがね。昔から、日本人は多くの災害に見舞われ、つらい時や苦しい時も、みんなで乗り越えてきたのだ」

「そのヒントが日本の神話の中に、神様の物語に隠されている、と？」

「さよう。現代もまた、多くの災害が発生し、疫病（えきびょう）に悩まされることもある。そんな時、人間はどうしても弱くなり、自信を失いがちだ。しかし、こんな時代だからこそ、**古事記を紐解き、日本の神様の物語から勇気をもらって欲しい。必ずや、自分を投影できる神様がいるはず**だがね」

そう言ってガガはニヤリと笑う。

「教義」がないから強くなれた日本人の秘密とは

「大変な時代になったもん。今こそ神様の出番ってわけね！」

ワカが助かった、とばかりに声を上げると、

「まあ、話は最後まで聞きたまえ」

ガガが押しとどめるように掌(てのひら)を向けてきた。

「タカや。おまえ、毎日神棚(かみだな)に手を合わせるだろう？」

「はい。朝と夜には、神棚にご挨拶します」

僕の朝は神棚へのご挨拶から始まり、夜には一日の報告とお礼を伝える。

「そうして神様と生活を共にしていると、常に心の中に神様がいてくれる。そんな気にならんかね？」

「ええ、なります。**神様はいつも見てくれている**と感じますね」

僕は頷(うなず)いた。毎日神様を感じることで安心感があるからか、自然に勇気が出る日々だ。

「それが神様と共に歩む、日本人の考え方ということでしょうか？」

「その通りだ。そしてここが大事なところなのだが、日本では、茶道、書道、剣道、柔道という具合に、何かを極めようとする時に『道』を付けるだろう？」

「そういえばそうね」

ワカが頷く。たしかに子どもの頃に習っていた空手道も、そうだった。

「日本人は何かを極めようとすると、それが『道』になると考えたのだよ。そして、その根底にあるのが神道で、実は、その『道』という考えがキモなのだ。外国の宗教は何と呼ぶかね？」

世界の三大宗教は、キリスト教・仏教・イスラム教……。

「あれ？」

思わず声が出た。

「日本の神道だけ『教』ではなく『道』ですね？　神教とは言いません」

僕の言葉に、ガガが「我が意を得たり」と笑った。

「正解だ。そもそも『教』とは教えるという意味だがね。そこには教える者と、教えられる者という完全なる上下関係が生じる」

「なるほど、それが教祖と教徒か。上の人が下の人に教えるという関係があるわけですね」

「さよう。しかし神道にそんな上下関係はない。**人生で最も大事なことは教えられるものではなく、自分で道を歩みながら学ぶものだからだ**。それが日本人の考え方なのだよ」

日本の神様の教えとは、他の誰に教えられることではない。

自分の足で道を歩きながら考え、気付いていくことなのだ。

そしてその傍（かたわ）らには、いつも神様がいてくれる。その神様が僕たちに示してくれているのが……。僕はそこまで考えてガガに向けて口を開いた。

「だからこその古事記なわけですね」

「ああ、そうだ。**苦しい時こそ、古事記から多くのことを学び取って欲しい**のだ。**神々は『こうしろ』『ああしろ』とは言わんが、その代わりに常に傍（そば）で見守りながら、人間自らが考え、道を作ることを望んでいる。そのために、かつて自分たちが乗り越えてきた失敗や**

挫折の歴史を参考にしろと思っているのだよ」

　ガガの言葉にワカが眉間に皺を寄せる。

「でもさ、ぶっちゃけ古事記って難解じゃん。読むだけでも大変なのに、そこから自分のためになる話を見つけるなんて難しくない？」

　ワカの反論にガガは、「まったく」と、苦笑いを浮かべる。

「誰もおまえにそこまで期待しちゃおらんよ。仕方ないがね、我がおまえでもわかるよう、古事記の物語と解説をしてやろうではないか」

「もちろん私もお手伝いさせていただきますよ」

　ヒュンと黒い龍神が現れた。

「あ、黒龍さん」「黒龍さんだわ」

　僕とワカが声を上げた。かつてガガの采配で、ダメダメだった僕とコンビを組むことになった黒い龍神、名前はそのまま「黒龍さん」と僕たちは呼んでいる。理論的な説明が得意で、いつもわかりやすい解説を加えてくれる、頼りになる存在だ。

　黒龍さんがいるなら心強い。ガガの説明はわかりづらいから、とは言わないでおく。

「さあ、我が日本の神々と共に、諸君の力になろうぞ！」

ガガの元気な声が部屋中に響き渡った。

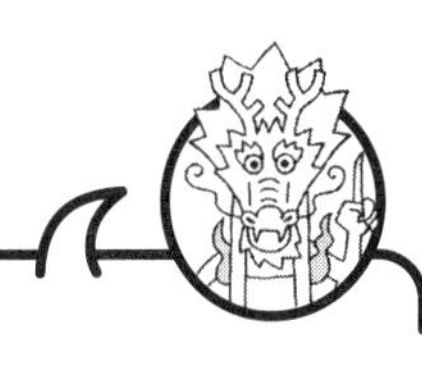

今は本当に混沌とした世の中だ。

災害や疫病の流行で大変な思いをしている者も、大勢いるだろう。

特にコロナ禍では目に見えぬ恐怖が蔓延（まんえん）し、世界中でパニックが起きたのも記憶に新しいがね。視界不良はいつだって混乱の原因になるのだ。

しかし、それに比べると日本人はどうだろうか？

政治家や役人のやっていることはともかく、国民は本当によく頑張っているがね。世界から見たら、なんと驚異的なことか。

検査数が少ないからとか、隠しているからと言う者もいるが、コロナ禍における死亡率の低さを見れば、日本人の冷静さは一目瞭然だろう。

そんな日本人の精神性を作り上げたものが、何を隠そう「世界一危険な国」で生き続けてきた危機意識に他ならん。

日本国土の面積は、全世界の0・3％にも満たないにもかかわらず、マグニチュード6以上の地震のうち20%以上が日本で起こっているのを知っているかね？　しかも、世界の活火山の7・0%が日本に集中するほどだ。

こんな危険な国でも日本人は、自然のもつ脅威を十分理解したうえで、「自然と共に生きる」選択をしてきた。

そして、その自然の中にさえも神様を見出し、祈り、敬い、共に生きてきた長い長い歴史を我々龍神たちは見てきたのだ。

そしてその象徴が、「古事記」だがね。

希望は多くある。それはどこにでも転がっているが、見つけ方にコツがあるのだ。これからの時代をたくましく生き抜くコツを諸君に見つけて欲しい。

さて、どんなヒントが転がっているのか、早速見ていくがね！

1章

イザナギとイザナミの物語

失敗からの立ち直り方

日本初の夫婦神・イザナギとイザナミのラブストーリー
——日本は、そして神様はこうして生まれた

はじめに天と地が姿を見せました。ですが、まだまだ国土は漂っている状態でした。

そこで神々は考え、五組の男女神の末っ子であるイザナギとイザナミを呼ぶと、

「そなたたちが、この国土を固め整えよ」

と言い、一本のきれいな玉飾りを施した矛（天の沼矛）を授けたのです。

イザナギとイザナミは、それを恭しく受け取ると早速、天空に浮かぶ橋（天の浮橋）の上に降り立ち、矛をさしおろすと「こをろ。こをろ」とかき回しました。

そして矛を引き上げると、矛の先から滴り落ちた潮は固まり、ひとつの島になりました。これを日本初の国土である淤能碁呂島といいます。

二柱は、その島の上に降り立つと結婚することにしました。

そして、大きな柱の御殿を建てるとイザナギは、イザナミにこう問いかけたのです。

「イザナミ、おまえの体はどうなっている?」

「私の体には、まだ足りない部分があります」

「ほう。逆にワシには、余った部分がある。ならば、ワシの余った部分をおまえの足りない部分に挿し入れて国を生むとしよう」

「ええ、そうしましょう」

話はトントン拍子に進み、

「では、おまえは右から。ワシは左からこの柱を回り、出会ったところでまぐわうとしよう」

と、二柱は別れてそれぞれ柱を右と左から回っていき、出会ったところで、

「あらまあ、なんていい男」とイザナミ。

「おお、素晴らしく可憐な女性だ」とイザナギ。

そして二柱は結ばれたのですが、その時に生まれたのは、後にヒルコとも呼ばれる骨もない不完全な子どもでした。それを嘆いた二柱はなんと、芦の船に乗せて流してしまいました。ちなみにこの子どもは、不完全であったため「不具の神」と呼ばれたことが転じて「福の神」となり、今では西宮神社で祀られる、えびす様になりました。

さて、ここで二柱は悩みます。

「なぜにうまく子を生めなかったのだろう?」と。

そして高天原(たかまのはら)に住む神々に相談したところ、

「おそらく女神であるイザナミから誘ったのが原因だろう。なので次は、男神であるイザナギから誘ってみなされ」

と助言をもらい、その言葉に従ってイザナギから声をかけて生まれたのが、淡路島、次に四国、隠岐(おき)の島、九州、壱岐(いき)の島、対馬(つしま)、佐渡(さど)の島です。そして、最後に大きな本州が生まれました。この最初に生まれた八つの島を総称して、大八洲(おおやしま)と呼んでいます。その後も小さな島々を生み出して、無事に国を生み終えることができました。

イザナミの悲劇

イザナギとイザナミは、続けて今度は神々を生み出すことにしました。

最初の神様であるオオコトオシオを始めとして、神生みは順調に進み、家屋の神様オオヤビコや、海の神様オオワタツミ、風の神様シナツヒコ、木の神様ククノチ、山の神様オオヤマツミなどを次々に生み出すことに成功。

日本の自然に宿る多くの神様は、この時に生まれたと言ってよいでしょう。

ところがです。順調に進んでいたかに見えた神生みでしたが、大きな試練が待ち受けていました。火の神様であるカグツチを生み出した時に、イザナミが大火傷(やけど)を負って倒れてしまったのです。

病床に伏(ふ)した状態でも、その嘔吐(おうと)物や排泄(はいせつ)物から神様を生み出し続けたイザナミでしたが、ついに力尽きて死んでしまいます。

妻を失った夫イザナギの悲しみはいかばかりだったでしょう。大いに嘆き悲しんだ彼の怒りは、我が子であるカグツチに向きました。

「おのれ！　愛する妻を殺すとは、我が子といえども許さん！」

なんたること。イザナギは手に取った十拳(とつか)の剣(つるぎ)をすらりと抜くと、我が子カグツチの首を切り落としてしまったのです。日本初の殺人事件、いや殺神事件の発生です。

しかし、岩に飛び散ったカグツチの血からはまた新たに八柱の神様が、死体からも八柱の神様が誕生しました。その中には、その後にアマテラスの命を受けてオオクニヌシに国譲りを迫るタケミカヅチや、貴船(きふね)神社に祀られるクラオカミも含まれています。

ちなみに、クラオカミの「クラ」は谷、「オカミ」(龗)は龍の古語であり、日本初の龍神誕生の瞬間ともいえるでしょう。

亡き妻を求めて死者の国へ

さて、不幸にも死んでしまったイザナミは、出雲国と伯耆国の境にある比婆山に葬られました。その後、イザナミは黄泉の国へと向かいます。死んでしまった以上、この世にはいられないからです。

しかし、どうしても妻を忘れられないイザナギは、あろうことか黄泉の国まで妻を追いかけていってしまったのです。そして、イザナミのいる御殿にたどり着くと、

「美しき我が妻よ、どうか戻ってきておくれ。ふたりで造った国土は未だに不完全だ。またふたりで国や神々を生み育てようぞ」

と叫びました。

その言葉を喜んだイザナミは、

「あなた、本当に嬉しいわ。もちろん私もそうしたいのだけれど……。私はもうこの国の食べ物を口にしてしまったの……」

黄泉の国の食べ物を食べるということは、もうそこの住人になったという意味です。し

かし、夫の気持ちを考えるとなんとかしてあげたい。

イザナミはひとつ息を吸い込むと、夫を見据え、

「わかりました。それでは今から黄泉の国の神様に相談してきます。だけども、その間は決して私のことを見ないでちょうだいね」

そう言うと御殿の中に消えていきました。

しかし、見るなと言われると見たくなるのが人の性。イザナギもその例に漏れなかったようで、なかなか戻ってこない妻のことが気になり、左のみずら（古代の髪の結い方。両耳のあたりに八字形に結われる部分）に刺していた爪櫛を取ると、それに火を灯して一つ火で御殿の中を覗いてしまったのです。

すると、そこには体に蛆がわき、八柱の雷神が取り巻いているという恐ろしい姿に変わり果てたイザナミが。ちなみに現代でも一つ灯は「恐いものが見える」と忌み嫌われ、神棚や仏壇でも必ず二本の火を灯すのはこのためです。

さて、驚いたのはイザナギです。妻の姿に恐れおののいた彼は、一目散に逃げ出してしまいました。

そうなると、恥をかかされたのは妻イザナミです。夫の希望を叶えるために黄泉の国の

神様に相談していたのに。見るなという約束まで破られた。

さあ、怒り狂ったイザナミの反撃の開始です。

「おのれ！　よくも私に恥をかかせたわね」

そう叫ぶとイザナミは、次々と追手の醜女(しこめ)や雷神を差し向けます。

しかし、醜女はイザナギに投げつけられた山ぶどうを頬張(ほおば)り、竹の子にかじりつき、雷神も投げつけられた桃の実によって撃退させられてしまいました。

ちなみに、この時イザナギが桃の実に言った、

「桃の実よ。私を助けたように、これからも人の子が苦しんでいる時には助けてあげておくれ」

という言葉に従って、今なお桃は神聖な果物とされています。子どもの健やかな成長を願う「桃の節句」もそこからきています。

夫婦神の訣別(けつべつ)

ついに、イザナミ自身が追いかけてくると、イザナギは大きな岩で道を塞(ふさ)ぎました。そして、その岩を隔(へだ)てて夫婦が最後の会話を交わします。

「愛しい我が夫よ。こんなことをするならば、私はあなたの国の人々を一日に千人殺してあげるわ」
「ならば、私は一日に千五百の産屋(うぶや)を建てよう」

この会話によって、人は死に、そして生まれることになったのです。
そして同時に、イザナミは黄泉津大神(よもつおおかみ)として新たな一歩を踏み出し、イザナギはこれまで夫婦で造ってきた国へと戻っていきました。
ちなみに日本書紀では、この時に二柱の会話を仲介したのがククリヒメとされています。白山信仰の神様として、全国の白山神社に祀られています。

さて、命からがら地上世界へ戻ってきたイザナギ。
そこで彼はひと言、

「おっかねえところへ行っちまったよ。体のけがれを洗い清めねば」

そう言うと、ザバザバと川に入って行き、けがれを落とすように禊を行いました。すると、身に着けていた杖や着物を投げるたびに、新たな神様が生まれたのです。

住吉さんの愛称でおなじみの住吉大社の住吉三神も、そんな中で生み出されました。水の底で身をすすいだ時に生まれたソコツツノオ、水の真ん中ですすいだ時に生まれたナカツツノオ、水の上ですすいだ時に生まれたウワツツノオの三柱の神様です。

そして最後に、
左目を洗った時にアマテラスが。

右目を洗った時にツクヨミが。

鼻を洗った時にスサノオが、それぞれ誕生します。

イザナギは、この三柱にそれぞれ高天原、夜の世界、海原を治めるよう役割を与えました。この貴い三柱の神様を総称して、「三貴神」と呼んでいます。

デキる人ほど間違いだらけ。
間違いを素直に認めるからこそ、成長する

「あの、ちょっといい？」

イザナギとイザナミの物語を聞き終えたワカが、眉根を寄せた。

「イザナギって本当に神様なわけ？　ダメンズじゃん。頼りないにもほどがあるんだけど」

うん、わかる。これはみんなが思っていることではないだろうか。

なんせ一時の感情で子どもを殺してしまい、あと先考えずに死んだ妻を黄泉の国まで追ってしまうのだ。挙句の果てには、約束を破って今度は妻に追いかけられる始末。まあ、最後は偉大な三柱の神様を生み出したとはいえ……「どうなんだ？」と思わずにはいられない。

しかしガガは、

「ふふん、そこがミソなのだよ。だからこそ最高神を生み出せた、偉大な父神ともいえるがね」

さも当然とばかりに言い放った。そして、片方の口元を上げて笑みを浮かべ、

「また、ここにこそ日本の神様のすごさが隠されている」

「え？　どういうことでしょう？」

「よいかね？　**イザナギはたしかに、ダメダメだった。だが、最後には最高神を生み出すまでに成長している。**そこがポイントなのさ」

ガガによれば、人間も同じで誰もがダメダメから始まるらしい。

最初からうまくいく人や、成功する人はいない。そこから這(は)い上がり、偉大な神様になるための秘訣が、古事記には隠されているのだ。

「実は、日本の未熟な神様にできて、外国の完全無欠のゴッドには絶対にできないことがある。それがわかるかね？」

「未熟だからこそできること？」

僕は腕を組んで「はて？」と、首を傾げた。禅問答でもしているようだ。

すると、ガガは指を立ててこう宣言した。

「成長することさ」

「成長？」

「さよう。初めから完全無欠な神様には絶対にできんことだ。そして同時にそれは、**どんなことにも立ち向かう勇気**に変わる」

たしかに、と僕は心の中で頷く。

成長できると信じられれば、今は不可能なことにも挑戦しようと思える。つまりは勇気が湧いてくるわけだ。

「自分の成長を信じて生きる、か。それを神様が教えてくれているわけね」と、ワカ。

「ほれ、ちょっと前に『ありのまま』という言葉が流行ったろう？」

僕はそのディズニー映画を思い出した。「ありのままで」と、松たか子さんが歌っていた劇中歌が街中でも流れていたし、なによりも映画が面白かった。

「しかし、残念なことに今、多くの者が『ありのまま』の意味を間違えて理解しているがね」

「え、そうなの？」

「『ありのまま』とは、ダメなままでいい、成長しなくていいと、現状に甘んじることではない。**『ありのまま』の自分を見つめ、それを認めた上でスタートすればいい**という意味なのさ」

「ありのまま」という言葉は今の自分を把握し認めることで、そこから新たなスタートを切れることを示しているがね。
何に優れ、何が劣っているのか。
何ができて、何ができないのか。
正しい現状を踏まえて、生きたい自分を正しく見据えることが大事なのだよ。

「神様だって、そこから始まったのだからな」

ガガの言葉に僕も頷く。

つまり、誰だって初めは間違いだらけ。それを素直に、ありのままに受け入れることで、そんな自分をまるごと好きになればいい。すべてはそこから。

あとは、「こんな自分になりたい」という姿を描きながら、体験して、成長していけばいいのだ。イザナギみたいに。

困ったら聞くのが大事。
でもその前に……

「さあて、ここで大事なことを伝えよう。例えば自分がわからないこと、できないことがあった場合、タカならどうするかね？」

ガガの問いかけに、僕は会社員時代のことを思い出した。

仕事でわからないことがあった時、僕はたしか……。

「わかる人に聞いていましたけど」

僕の言葉にガガは、「うむ」と頷き、「半分正解だな」と言った。半分かよっ！

「もちろん、わからん時には知っている者に聞くことがのぞましい。しかし、その前に大事なことがあるがね」

「大事なこと？」

知らないことを聞くのに必要なこと。

どうすればいいかを聞く前にすべきこと。

僕は、もう一度イザナギとイザナミの物語を思い返した。

彼らは、二人で国を生み出そうとした。試行錯誤の上でやってみて失敗した。だから「これ無理だわ。自分たちにはできない」と素直に受け入れて、高天原の神々へ助言を求めた。ん？　もしかしてこれかな？

「何がわからないかを明確にすることでしょうか？　どんな方法があるか調べたり、試したり、その過程を経た上であれば、より具体的な聞き方もできるかと」

僕の言葉にガガはグッと顎を引いた。

「やるではないか、正解だ！　**人間はわからないことに気づいていても、『何がわからないか？』を明確にできないことが多い**のだよ」

「わかる〜。『先輩、わかりません』って聞かれても、その子が何に困っているのかわからなくて困ることあったもん」

ワカが、やれやれと苦笑した。

かつて彼女は飲食店で働きながら、多くの若者の指導をしていた。そんな時に、できない子ほど自分でも何がわからないかがわかっていないと言っていた。

『わかりません』と言うのは簡単だがね。しかし、そこで自分で何がわからないかを明確にすることが重要なのだ。そのためには、聞く前の行動がキモになる」

「実際にやってみるってことですね？」

「さよう。試してみることが可能なら、それに越したことはない」

ガガの言葉に僕はハッとした。

イザナギとイザナミは、どうすれば国土や神様を生み出せるか明確な解答は持っていなかった。なんせ日本初の事業なのだから、当然だ。誰だって明確な正解は持っていなかったのだ。

そこで試行錯誤しながら、「足りない部分を余った部分で補う」という方法を思いつき、試してみた。そうして行動したことで、「不完全ではあったけど何かを生み出せることはわかった」のだ。

そこまでやってみたからこそ、わからない部分を明確にできたといえる。だから、

「この方法のどこか間違っていたのでしょう？　修正点はあるのでしょうか？」

という問いを持つことができた。もし、何もわからないまま、

「あの〜、どうすればいいですかね？」

という曖昧（あいまい）な質問をしたならば、高天原の神々も頭を抱えたかもしれない。繰り返すが、国土や神様を生み出す作業なんて、それまで誰もやったことなかったんだから。

「そっかー。知らないことを聞くのは大事だけど、その前に自分が何を知りたいのかを明確にしなきゃいけないわね」

「もちろん、試せればそれが一番だ。失敗して気付くこともあるからな。それができない場合は自分なりに勉強したり、調べることも十分な行動になる」

「何にせよ、自分なりにできることをしてから聞くと、問題解決により近づけますね」

「それに周りの人に与える印象もいいと思うわ」

ワカの言葉に僕は頷いた。

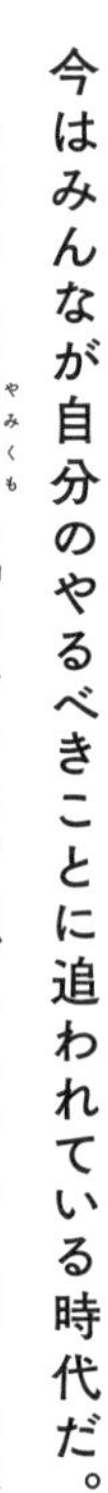

今はみんなが自分のやるべきことに追われている時代だ。
そんな時に、闇雲（やみくも）に「わからないんですけど」と聞くのは、相手の時間を奪うことにもなりかねん。何より、全部人任せな感じは印象が悪い

から気を付けるがね。
まずは自分でやり、試せ。
そうした過程を経て、何がわからないかを明確にすれば、「自分なりに
そこまでやったのね」と相手も納得するだろう。
そして何よりも、失敗が自分の経験として必ず身になっていくことを
約束しよう。
イザナギとイザナミが失敗で生み出した不完全な神様が今では、え
びす様という「福の神」になって諸君を守ってくれているようにな。

人は何度でもやり直せる。本当の失敗とは「あきらめてしまう」こと

「そうは言ってもさ、本当にイザナギって失敗ばかりよね」

「まあね。だけど、どれだけ失敗しても挫けずに前を向く姿勢はすごいと思うな」

僕も失敗ばかりだからよくわかる。人はすぐに挫けてしまう生き物なのだ。

だから挫けないイザナギを僕は尊敬する。

「おまえら、本当の失敗とは何だかわかるかね？」

「え？　本当の失敗？」

失敗に本当も嘘もないんじゃないの？と、僕は首を傾げた。

「うーん、生死に関わることとか、やり直しの利かない過ちとかですかね？」

僕が言うと、偉大なる龍神は首を横に振った。

「違うがね。**どんなに大きな失敗でも、それを教訓にして前に進むことができれば問題はない。最終的に成功すれば、それまでの失敗は成功への過程になる**のだ」

「失敗で学べることもある、っていうこと？」

ワカが問いかける。

「そうだ。**むしろ失敗した時の方が学ぶべきことが多いとも言えるがね**」

何気なく言ったガガのひと言が僕の心に響いた。

たしかに失敗から得るものは多い。**科学の発達も、多くの失敗から得られたものがほと**

んどである。

自動車も多くの事故の教訓を生かしながら技術革新をしてきた。僕も車を買い替える毎に、運転のしやすさを実感する。飛行機や鉄道も、その事故率の低さは過去の事故を教訓として、安全技術を向上させてきた結果だ。

失敗そのものが結果を生み出すケースだってたくさんある。例えば電子レンジは、軍事レーザーの実験中に、ポケットの中のチョコレートが溶けてベチャベチャになったのに気付き、「モノを温めるのにいいのでは?」という発想につながって生まれたのだ。

「失敗は成功の母」という言葉の意味はここにある。

だけど、と僕はもう一度考える。

「多くの人は、最初の失敗であきらめてしまいがちですよね。それってもったいないことなのかも」

僕が呟いたひと言にガガが頬を緩めた。

「我が言いたかったのはそこさ。**本当の失敗とは、あきらめてしまうことなのだ。あきらめた瞬間、その先にある成功は露(つゆ)と消えてなくなる。**失敗は失敗のまま、ジ・エンドだ」

あきらめたら、失敗は失敗のまま。

実は世の中で成功者と言われている人ほど、多くの失敗を重ねている。

だけど、成功した瞬間に多くの人がその成功した部分しか見なくなってしまう。

そして「あの人は運が良かった」と言い、自分がうまくいかないのは、運が悪いからだと決めつける。そんなことはないのに。

リチウムイオン電池の発明で、令和元年にノーベル賞を受賞した吉野彰さんはこう言った。「失敗しないと絶対に成功はない」と。

彼自身、リチウムイオン電池の研究に着手するまでの10年は、試しては失敗の繰り返しだったという。手がけたプロジェクトも3度失敗したと語っている。それでも挫けずに挑戦し続けたからこそ、大きな成果につながった。まさに現代のイザナギではないだろうか。

いや、成功者はみんなイザナギのやり方を踏襲しているとしたら……。

「どこか気が楽になるだろう？　失敗してもいいではないか。命を取られるわけではないのだから、また挑戦すればよいのだ」

「反省したら前を向く。このイザナギ精神が、僕たちに求められているんですね」

「イザナギは、常に自分の気持ちに素直だった。他人の評価など気にしておらんよ。だからどんなに失敗してもそこに後悔はなかった。**反省だけして、あとはすぐに前を向く**。現代の人間に求められているのは、そのズブトさなのさ」

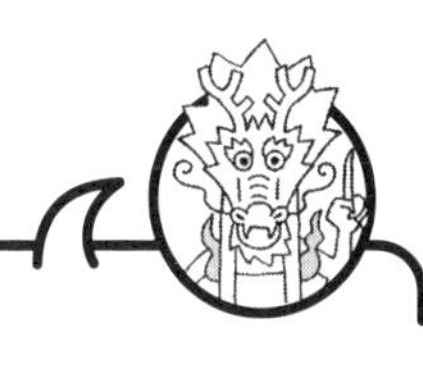

失敗しても反省だけして、あとはすぐに前を向く。

それに必要なのは、「どれだけ自分の気持ちに素直になれるか」ということさ。

他人の反応や評価を気にしては、「こんなはずじゃなかった」という後悔が残ってしまう。

だが、自分の「こうありたい」という気持ちに従った行動ならば、周りの反応はいちいち気にならぬし、必ず前を向けるのだ。

イザナギが、どんな失敗にも負けずに行動し続けられた理由はここにあるのだよ。

不完全だからいい!!「完璧」ではなく「最善」を目指してみる

「いい話だわ。だけど、失敗しても行動し続けるのって、なかなか難しいのよねえ」

ま、確かにね。ワカの言葉に僕も頷く。口で言うほど簡単にはいかないのが世の常だ。

「まったく、おまえらは文句ばかり垂れおって！　そこまで我が指導せねばならんのかね、面倒だがね！」

め、面倒って……。

するとそこに一陣の風が吹き抜けた。

「ガガさん、ここは私にお任せください。ガガさんのお手を煩(わずら)わせることはいたしません」

黒龍の登場である。

「黒龍さん！　助かります」

僕たちはそろって頭を下げた。

黒龍はガガの許可を得るように目線を送ると、小さく頷き説明を始めた。

「まず多くの人の最初の失敗は、『成功』『失敗』の基準を高くしてしまうことです。『すべて完璧でなくてはいけない』という気持ちが強いといえるでしょう」

「ははあ。つまり、初めから完璧を目指すあまりにハードルが高くなりすぎると？」

僕の問いかけに黒龍は頷いた。

「たしかに何事にもしっかり取り組む姿勢は大切です。それを目指すこと自体は悪くありません。ですが、完璧であることを求めすぎると、心に余裕がなくなってしまうのです」

「そんな状態でうまくいかないと……」

「一度の失敗で心が折れて、あきらめちゃうかもしれないわ」

僕の意を汲むように、ワカが言葉をつないだ。

「その通り。そもそも完璧を目指すこと自体が、ただの驕りです。神様ですら、最初からうまくいかないのですから」

たしかに、と僕は思わず笑ってしまう。

神様だってうまくいかないことを、人間が最初からうまくやろうと思う方がおかしいのだ。そう考えると、少し気が楽になってきた。

「まずは完璧ではなく最善を尽くす。その気持ちで取り組めばいいのです」

黒龍はそう力強く言い切った。

イザナギは、たくさんの国土や神々を生み出した。初めから「最高の神様を生み出さねばならない」と思っていたら、どこかで挫折してしまったかもしれない。

だけど、すべてを司る必要はないのだ。

この神様は山を担当すればいい。この神様は風の神様にしよう。野の神様、海の神様、家屋の神様に、水の神様など。完璧でなくてもいい。不完全でいい。

生み出した神様の一柱一柱が、自分のできることに最善を尽くしていけばいいと思うからこそ、神様を生み出すことをやめなかったのだ。

そうやってイザナミが死ぬまでに二人で生んだ島は、十四島。神様は四十柱（男女対偶の神様を一柱と数えると三十五柱）にも及んでいる。

そして妻を亡くして七転八倒した末に、アマテラス・ツクヨミ・スサノオという、貴い三柱の神様を生み出すことで、イザナギは満足する結果を残すことができたのだ。

この瞬間、それまでの、

「えっ、これが神様？」

「イザナギってダメダメじゃん」

と言われるような出来事すらも、成功のための過程にしてしまったのだ。

人は失敗する生き物だ。

初めから完璧にできる者はいないがね。

それゆえに完璧ではなく最善を尽くせ。失敗しても反省したら前を向く。

この二つを心がければ、必ず諸君の求める結果が得られるだろう。

多賀大社に祀られるイザナギがいつしか、最高神として伊勢神宮に祀られるアマテラスと並び、

「お伊勢参らばお多賀へ参れ、お伊勢お多賀の子でござる」

と、歌われるほどの信仰を集めるようになったのだからな。

○「つらいこと」は人を優しくする。あなたは必ず幸せになれます

「私さ、イザナギさんは嫌いじゃないのよ。人間くさくていいじゃんって思うわけ。だけど、いくら妻を愛していたとはいえ、生まれたばかりの子どもを殺しちゃったのだけは文句言いたい！」

ワカが言う。

「火の神様、カグツチだよね。うん、たしかに気の毒だ」

母に火傷を負わせて死なせてしまい、父に殺される。なんともいたたまれない。

「そうそう、カグツチよ。そんな悲惨な目に遭(あ)ったのに、それでも人間を守ってくれるなんてすごいじゃない？　私なら『なんで私だけこんな目に遭うんだ』ってひねくれるわ。親のことも恨(うら)まないで、本当にできた神様だと思う」

たしかにカグツチは、火難(かなん)除けの神様として全国の愛宕(あたご)神社や秋葉(あきば)神社に祀られ、僕たちを守ってくれている。母を火傷で死なせてしまったゆえに、人間たちにはそんな悲しみ

を味わわせないようにとの優しさを感じる。ちなみに、ワカの産土神（生まれた土地の神様で、生涯にわたって守ってくれる）もカグッチである。

するとも、黒龍はニッコリ笑って、驚くべきことを言った。

「お二人さん、よく聞いてください。**だからこそ、カグツチはあれほど優しい神様になられたのですよ**」

「え？　あんな目に遭ったのに？」

意味がわからない。

「正確には、**その悲しみをうまく処理できたから、**といいましょうか。人間も生きていれば、つらいことはたくさんあります」

「そりゃもちろん」

この世でいろいろあるのは当然だ。誰にだって嫌な経験の一つや二つはあるものだし、生きている限り、そういう出来事からは逃れられない。

「しかし、そういう経験をした人でも、他人に優しくなれる人と厳しく当たってしまう人に分かれますよね？」

「たしかに。親に厳しくされた分だけ、自分の子どもにも厳しくする人もいるけど、反対に、優しくするという人もいます」

この差はなんなんだろう？

「それをカグツチが教えてくれているのです」

僕たちは姿勢を正して黒龍の説明に耳を傾ける。

「どんなに悲しくつらいことでも、その経験は未来の糧にすることができます。しかし、そのために必要なのが、**その感情を受け入れ、そして吐き出す**という二つの作業です」

「受け入れ、吐き出す」僕は頭を整理するように、反復する。

「誰だって、悲しいことを認めたくはないし、つらいことは忘れたいのです。ですが、そこで拒否して無理に感情を抑え込もうとしたり、否定したりすれば、心の中に悲しみを閉じ込めてしまうだけ」

「拒否すればするほど、心の中に悲しみが蓄積していく……」

僕の言葉に黒龍が頷く。

「すると、その感情が鬱屈した形で吐き出されることになります。周りの人につらく当たる行動がそれです」

「いわゆる負の連鎖ね」

ワカが悲し気に呟いた。

「ですから悲しいことやつらいことがあったら、まずはそれを素直に認めてしまいましょう。自分は悲しい、つらいんだと思ってけっこう。そして、負の感情も吐き出していいのです。カグツチのことを思い出してください」

カグツチは、父に斬られた時に飛び散った血から八柱、死体からも八柱の神様を誕生させている。

「もしかして、それはカグツチが吐き出した感情？」

僕の言葉に、黒龍が我が意を得たりと大きく頷く。

「**カグツチは、苦しい感情を素直に受け入れ、そのすべてを吐き出しました。それが神様という形であらわれた**のです。その中にはその後、大きな活躍を見せる神様や、私たち龍神の姿もありました。**それだけ大きな感情があった**のでしょう」

「だけど、そのおかげで『人間たちには火の災いで悲しい思いをさせたくない』という気持ちが芽生えたんですね」

人間は弱い生き物なのだよ。
だが、それを認めたくないのだ。だからついつい強がってしまう。
すると、負の感情が心の中に蓄積し、つらさが増すのだ。
だからまず認めたまえ。カグツチが悲しい感情を吐き出したように、
諸君も悲しいことやつらいことがあったなら、それを素直に認めて吐き
出してしまうがね。
身近な誰かに話す。
愚痴を聞いてもらう。
紙に書くのも感情を吐き出す立派な方法のひとつだがね。
自分だけで抱え込まずに、素直に自分の弱さを出してみる。
たったそれだけで、人は強く変化し、周りに優しくなれるのだよ。

苦しい思いは口に出す。心に区切り（苦切り）を付けましょう

「カグツチはすごいわね。そうやって我が子は優しくなれたわけだけどさ、当のイザナギとイザナミは、二人で最後に言い合って、挙句に人の生き死にまで決めちゃったわけでしょ？　結局、あれっきりの別れになったし、夫婦としてはどうかしらね」

相変わらず、神様相手でも我が妻は歯に衣着せない。

しかし、黒龍は「いいえ、それは違います」と明確に否定する。

「これもまた、現代の人間に足りなくなっているところでもあるのです」

「足りなくなっているところ？」

「そうです。**きちんと面と向かって話し、区切りをつけること**。これが大事ということが、このシーンから学び取れないでしょうか」

イザナミは、初めは怒りの感情に駆られて夫を追いかけたのかもしれない。だけど、心のどこかではわかっていたのだ。

「もう、夫とは住む世界が違うのだ」と。

その悲しい思いを胸にしまっていたが、夫の行動に我を忘れて追いかけていった。だけどその別れには、どこかで納得していた。

その複雑な胸中が、最後にイザナミが吐き出した言葉に表れている。

古事記の原文を読むと、こんな言葉から始まっているのだ。

「愛(うつく)しき我(あ)が汝夫(なせ)の命(みこと)」

愛しい私の夫よ。

その言葉に、今もなお愛してやまない夫への愛情があらわれている。ずっと抑え込んでいた感情が、夫が黄泉の国へやってきたことで爆発してしまった。また一緒にいられるという希望が見えた。だけど、それが霧散(むさん)しようとしている。

そんな状況に区切りをつけるためには、**お互いに向き合って言葉を交わす**しかなかった。いや、そうしなければ絶対に後々尾を引くことになる。

「最後に宣言した、人の生き死についても、二人が経験したからわかる『死があるからこそ、人は一生懸命に生きてくれる』と信じた末に出した結論だとは思いませんか？」

僕たちは、その言葉を噛みしめながらゆっくりと頷いた。

「うーん、それ言われちゃうと納得せざるを得ないわね。そんなに深いところまで考えてくれてたなら、ちょっとジンとくるわ」

「**やっぱり神様は優しい**んだよ」

僕は心の底から、そう思った。

そして同時に思う。

イザナミもその苦しい胸中を直接イザナギに吐き出せたから、次の一歩を踏み出せたんじゃないか、と。

現代では、大事なことでもメールやLINEなどオンラインで済ませてしまいがちになってきた。まあ、たしかにそれは便利だろう。

しかし、文字だけでは伝わらぬこともある。いや、伝わらないことの方が多いのが現実だ。

顔を合わせて話をすれば、表情や雰囲気、声のトーンや抑揚、ボリュームなどである程度の真意を読み取ることができるが、オンラインでは

文字だけでそれを伝えなければならぬ。

だからこそ、注意が必要なのだ。大事なことは顔を合わせて話すのが望ましい。さもないと真意は伝わらぬし、自分も納得できぬだろう。

そう、イザナギとイザナミが、自分たちの生活に区切りをつけて、お互いが新たな一歩を踏み出せたように。大事なことは直接言うがね。

反省はしよう、後悔はするな。そのメリハリで人生はうまくいく

「まあ、イザナギの物語を総じて言うならば、**『反省はしても、後悔はしない生き方をしろ』**ということさ」

まとめるようにガガが言った。ここまでわかりやすい説明をしてくれたのは黒龍さんだが、そこは突っ込まないでおく。

「後悔をしない生き方。それはすなわち、ガガさんの言う『自分はどうありたいか』に従った生き方ですね」

「その通りだがね」

そう言ってガガは続けた。

「人間は日々、選択を繰り返して生きている。その選択の一つひとつが、未来をつくっていると言っても過言ではない」

「そこで何を基準にして、選択するかが大事なんですね」

「さよう。だが今、多くの者が他人の基準で選んでしまいがちになっている」

「他人の基準？　それって常識だとか、周りからどう思われるか、ってことかしら？　周りの人たちや世間の雰囲気に流されて選択するような」

ワカが尋ねると、「その通り」とガガが勢いよく言った。

今は、多くの人が、

「みんなやってるから」

「変に思われたくない」

「人がそう言うから」

と、他人の基準に沿って判断することが多くなっている。

特に最近になって多数の意見に同調しなければいけないという風潮が高まった。

もちろん、他人に迷惑をかけるような行為はご法度だけど、それ以外のことであれば、自分の思いに正直に生きることを選択することも大事だ。

なぜなら、「みんなもしているから」と、自分の思いを無視して行動した結果、周りから批判を受ければ「そんなつもりじゃなかったのに」という後悔が必ず残るから。

その点、イザナギはそれを見事に体現して見せたのだ。

感情のままに行動し、泣きわめいて、失敗してはまた行動を起こす。そこには一点の迷いもない。

他人の基準ではなく、自分の思いに正直な行動は迷いなく、どんな結果になったとしても、そこに後悔はないわけだ。

「反省はしても、後悔はしない。そのために必要なのが、自分の思いに寄り添っているかどうかってことね」

ワカがそう言うとガガが、「それにな」と言葉をつなぐ。

「我々にとっても、そんな行動の方がわかりやすいのだよ」

「わかりやすい？」

「さよう。仏教では『身（しん）』『口（く）』『意（い）』と言ったな。**行動と言葉、思いは一致している**ということだ。我々龍神や神様は、そのすべてが一致していると考える。だから、心で思ったことを素直に言葉にして行動できる者は、わかりやすく理解もしやすい」

「**当然、願いも通じやすい**ってわけね」

「ま、そういうことさ」

ワカの言葉に、ガガも笑った。

自分で起こした行動に責任を取っていくのは自分自身なのだよ。
ここでいう「責任」とは、自分の人生に対する責任に他ならん。
その判断を他人に委ねてしまっては自分の生き方ができぬがね。
自分の人生のレールは自分で敷くから意味があり、後悔が残らぬのだ。
それが自分のしたいことであれば、なおさらさ。

ひとつひとつ後悔を減らせ。そして、素晴らしい人生を形作っていこうではないか！

2章

アマテラス、スサノオ姉弟の物語

葛藤と打開

最高神アマテラスと乱暴者スサノオ

——姉弟の確執と成長の果てに

イザナギにそれぞれ役割を与えられた三貴神でしたが、スサノオだけは命じられた海原の統治もせずに、髭も髪もボサボサに伸び放題、毎日泣きわめいていました。

その泣き声はあまりにもすさまじく、青々とした山は枯れ、川や海の水は干上がり、悪い神々の声が蠅のごとくあたりに満ちると、あらゆる災いが起こりはじめたのです。その事態に驚いたイザナギが、

「なぜ、おまえは命じられた海原の統治をせずに泣きわめくのか?」

と尋ねるとスサノオは、泣きはらした目をこすりながら、

「私は母が恋しいのです、会いたいのです。ですから母のいる根之堅洲国へ参りたいと思います」

と、言いました。それを聞いたイザナギは大いに怒り、

「ならば、おまえはさっさとこの国から出ていけ!」

と怒鳴ると、近江(おうみ)の多賀(たが)に隠居してしまいました。

ちなみに、ここではイザナミが住んでいる場所が根之堅洲国とされていることから、死んだ神様の行くあの世には、黄泉の国の他にもあるようです。

男装して迎え撃つ姉

さて、父に「出ていけ！」と言われてしまったスサノオですが、悲しむどころか、

「これで堂々と出ていけるぞ。そうだ！ それなら、姉のアマテラスに挨拶してから参ろう」

と、むしろ母に会いに行く許可が出たと喜び、姉の住む高天原へ向かったのです。

しかし、スサノオが近づくにつれてその足音で山川はどよめき、国土は大いに揺れたものですから、高天原では「一体何が起きたのか？」と、大変な驚きようでした。

アマテラス自身も、弟スサノオの姿を確認する

と、

「一体何をしにやってくるのかしら？　もしや……私の国を奪おうとしているのでは。そうだわ、そうに違いない」

と言うとすぐに髪を解き、男性の髪形に結い直しました。鎧を着こみ千本入りの矢入れを背中に、五千本入りの矢入れを胸に着けるなど、完全武装で迎え撃つことに。

そして、スサノオに向かって、

「弟よ、何をしにやってきたの？　ここを奪う気なのね？」

と言い放ちます。

これに驚いたのはスサノオです。慌てて両手を左右に振りながら、

「ご、誤解です。私には決して姉さんの国を奪おうなどという邪心はありません。父に『母に会いたい』と申したところ、『ならば出ていけ！』と出国の許可をもらったので、その旨を伝えて、別れの挨拶をと思っただけです」

と訴えました。しかし、アマテラスは、それを信じてはくれません。

誓約の勝負

そこでスサノオは意を決して、宣言します。

「ならば、誓約にて私の潔白を証明しましょう」と。

誓約とは、その判断を神様に聞く占いのことです。神様が神様に聞くというのも面白いですが、これまた不完全な日本の神様らしいこと。そんなわけで、二柱が行ったのが、お互いの持ち物から神様を生み出し、その結果をもって判断しようというものでした。

こうして、お互いが天の安の河を挟んで対峙し、誓約は開始されました。

まず、アマテラスがスサノオの腰に帯びた十拳の剣を受け取り、三つに折ると、天の真名井（高天原の神聖な井戸）ですすいでから口に入れ噛み砕きました。そして、ふうーっと吹き出した霧の中からタキリビメ、イチキシマヒメ、タキツヒメという三姉妹の女神が誕生しました。後に宗像三女神として、宗像大社や厳島神社に祀られる神様です。

すると続いて、スサノオがアマテラスの左のみずらに巻いてあった八尺の勾玉をまとめて受け取り、同じく天の真名井ですすいでから、バリバリ噛み砕きました。

吹き出した霧の中から、アメノオシホミミが。同じく右のみずらの勾玉からは、アメノホヒが。かずら（つる草を髪に結んだもの）、左手、右手の勾玉からは、それぞれアマツヒコネ、イクツヒコネ、クマノクスビという、五柱の神様が誕生したのです。

お互いが神様を誕生させ終えると、アマテラスは、

「あとから生まれた五柱の男神は、私の持ち物から生まれたので私の子よ。先に生まれた三柱の女神はスサノオ、あなたの子ね」

そう言ってお互いの子どもを決めました。すると、スサノオがより一層大きな声でこう宣言したのです。

「姉さん、ならば美しい女神を生んだ私の勝ちでしょう！　きれいな心を持つ私だからこそ、女神が生まれたのです！」

なんとも後出しじゃんけんのような言い分ですが、最終的にはアマテラスもそれを了承し、スサノオに邪心がなかったことが証明されたのです。

そこで終わればよかったのですが、よくある話でスサノオは姉との勝負に勝って調子に乗ってしまいます。高天原に上陸すると田んぼのあぜ道を壊し、溝を埋めてしまったり、アマテラスが収穫した穀物を召し上がる御殿に糞を撒き散らしたりと、まあやりたい放題の大暴れ。

アマテラスは弟を疑った罪悪感からか、それを咎めることができずに、

「スサノオはきっと、田んぼを広げようとしてくれたのよ」

「糞は、酔っぱらって吐いちゃったようなものでしょ」

と、かばう始末。

しかし、スサノオの悪行は留まるところを知らず、ついに衣を織る忌服屋に皮を剥いだ馬を投げ込み、中でアマテラスの衣を織っていた女神をショック死させてしまったのです。これを知ったアマテラスは弟の暴れっぷりに恐れおののき、「もう嫌！　やってられないわ！」と、天の岩屋戸の中に閉じこもってしまいました！

さあ、ここからが有名な天の岩屋戸神話の始まりです。

神々のお祭り騒ぎ

アマテラスが岩屋戸に隠れてしまうと、高天原は真っ暗になり、葦原中国にも光が届かなくなってしまいました。アマテラスは太陽の神様ですから、当然ですね。

ちなみに、この葦原中国とは地上の国のことを指すので、天から地上まで真っ暗な闇に包まれてしまったわけです。

すると、悪しき神々の声が蝿のように広がり、あらゆる災いが起き始めました。

事態を重く見た神々は、天の安の河原に集まると、タカミムスヒの子どもである智慧の神様、オモイカネを中心に対策を相談しました。そして一計を案じ、アマテラスを誘い出す作戦を思いついたのです。

それが作戦名「貴い神様があらわれて、再び夜が明けて祝宴をしていると思わせて、岩屋の外に誘い出す！」というものでした。

まず、夜が明けた時に鳴かせるニワトリを集め、八咫の鏡をイシコリドメに作らせました。これは、アマテラス自身の姿を鏡に映して貴い神様があらわれたと思わせるためです。

そして、タマノオヤには八尺の勾玉をあしらった玉飾りを作らせ、アメノコヤネとフトダマに占いをさせると、榊を根っこから引き抜いて上の枝にたくさんの八尺の勾玉を、中ほどの枝には八咫の鏡を掛けました。下の枝には白と青の幣を下げて、準備は万端です。

あとは、これをフトダマが捧げ持ち、アメノコヤネが祝詞を奏上して、さあ、宴の始まり。アメノウズメが伏せた桶の上で静かに舞を始めると、神々も楽し気に笑い出しました。

やがて太鼓に笛の音が加わり徐々に皆のテンションが上がってくると、アメノウズメも興奮し、乳房を露出させ着物の帯を下げてユーモラスに踊ります。

それを見た神々がドッと笑い声を上げた時、外の騒がしい様子を不審に思ったアマテラスが、戸を小さく開けたのです。

天の岩屋戸開き

神々に緊張が走ります。

「神々よ。私が隠れたことで外の世界は光を失っているというのに、なぜ皆が喜び笑っているのですか？」

そう問いかけてきたアマテラスに、アメノウズメは答えます。

「ああ、アマテラスさま。実はあなた様よりも貴い神様があらわれて、この世に光が戻ったのです」

そして同時に、アメノコヤネとフトダマが鏡をアマテラスの顔の前にさっと差し出しました。その瞬間、アマテラスは鏡の中の自分の姿に驚き、目を大きく見開いたのです。

「私よりも貴い神様がいるなんて……。一体どんなヤツなのよ」

アマテラスが目の前の神様をもっとよく見ようと、さらに戸を開いて身を乗り出した瞬間です。岩屋戸の脇に隠れていたタヂカラオが、アマテラスの腕を取り、一気に引き出し

たのです。それと同時にフトダマがアマテラスの背後に注連縄を張ると、

「アマテラスさま！　もう中へは入れませんぞ」

と言ったのです。

アマテラスが岩屋戸から外へ出られ、高天原にも葦原中国にも光が戻った瞬間でした。


ここで問題になるのが、問題児スサノオの処遇です。

これだけの事態を引き起こした以上、さすがに無罪放免というわけにはいきません。

そこで神々は相談し、罪の償いとしての品を差し出させてから、髭と手足の爪を切った上で地上に追放してしまいました。

そんなスサノオでしたが、地上でもその素行はあいかわらず。腹が減ったと、食物の女神であるオオゲツヒメを呼び寄せて、

「食事がしたいから、何かつくってくれ」

と求めるも、彼女が鼻や口、そして尻からもさまざまなご馳走を取り出すのを見て、

「おのれ！　私にそんな汚いものを食わせるとは」

そう叫ぶと、即座に殺してしまいました。

すると、殺されたオオゲツヒメの体からは蚕や稲の種子、粟に小豆に麦、大豆が次々にできたことから、

「なんと早まってしまったことか。彼女自身が五穀であったとは！」

と、初めて気付き、反省します。そしてそれを見ていたカミムスヒは、

「困ったやつだが、ようやく気が付いたか」

と、スサノオにその五穀を取らせ、殺したオオゲツヒメの代わりにその管理をするよう命じました。スサノオに五穀豊穣のご利益があるのは、このためです。

スサノオの変貌

そして、ここからスサノオは少しずつ変わり始めます。

そう。有名な八岐大蛇退治のお話に入りましょう。

スサノオはその後、出雲国の肥の河の上流、鳥髪に辿り着きました。すると、川の上流から一本の箸が流れてくるのに気付きます。彼は「ははあ」と顎をさすりながら、

「ということは、この河を上っていけば誰か人がいるに違いない」

そう考えました。スサノオに「考える」という行動の変化と、知性が備わってきたこと

がわかります。

そして上流へ向かって歩を進めていくと、お爺さんとお婆さんが、若い女性をはさんでハラハラと泣いているではありませんか。

「おまえたちは何者だ？」

スサノオが怪訝（けげん）な顔で声をかけると、お爺さんは、涙を拭（ぬぐ）い顔を上げ、

「私は国つ神、山の神オオヤマツミの子でございます。名はアシナヅチ、妻はテナヅチ、そしてこの娘はクシナダヒメと申します」

そう丁寧に答えました。するとスサノオは続けて問いかけます。

「で、おまえたちはなぜ泣いているのだ？」

「私たちの娘はもともと八人いたのですが、八岐大蛇という化け物がやってきて毎年一人ずつ食べられてしまったのです。今年もまたヤツがやってくる時期。最後の娘まで食べられると思うと、悲しくて泣いているのです」

アシナヅチは涙ながらにそう言うと、八岐大蛇の様相を細かく教えてくれました。スサノオは腕を組んで「なるほど」と頷き、娘に目をやりました。

すると、全身に電気が走るような衝撃が。今風に言えば「ビビッ」ときたわけです。ス

サノオの一目惚れです。

突然の求婚

鼻息を荒くしたスサノオは、グググッと三人に迫ります。

「これ、その娘を私の妻にしたいのだが、いかがか？」

「し、しかし、私どもはまだ、あなたのお名前すらも知りません。一体どなたで？」

三人が困ったように返すと、スサノオはグッと胸を張り、

「私はアマテラスの弟、スサノオである。今、高天原から降ってきたのだ」

そう言い放ったのです。もちろん「追放されてきた」とは言いません。

スサノオの正体を知った老夫婦は驚き、目を輝かせて喜びの声を上げました。

「なんと！　それは畏れ多いことです。喜んで娘を嫁がせましょう」

両親の承諾を得たスサノオは、クシナダヒメと結婚、晴れて夫婦となりました。

え？　話と展開が早すぎる？　でも、これが日本の神様の特徴なんです。とにかく、わかりやすいって部分がね。

さて、そのスサノオは愛する妻を櫛に変化させると自分のみずらに挿し、義父、義母と

なったアシナヅチとテナヅチに八つの器に入れた酒を用意させました。

そして垣根（かきね）を張り巡らせると、そこに八つの入り口をつくって、中に酒の器を置きます。

すると、うまそうな香りに誘われて、八岐大蛇が姿を現しました。罠（わな）とも知らずその八つの首を垣根の入り口に入れると、ゴクゴクと酒を飲みはじめたのです。そしていつしか酔っぱらって、グウグウと眠り込んでしまいました。

「今だ！」

スサノオの目がキラリと光ります。腰に帯びた十拳の剣をすらりと抜くと、次々とその首を切り落とし、見事に八岐大蛇を退治。知略と勇敢さで妻を救い、そして守ったのです。

また、大蛇の尾を切った時、何か固いものを感じたスサノオが、その尾を裂き開いてみると、そこから出てきたのは見事な剣でした。

「これは誠に見事な剣ではないか。きっと特別なものに違いない。姉のアマテラスに献上せねば」

そう申し上げ、献上した剣こそが草薙（くさなぎ）の剣でした。

こうして、天の岩屋戸で使われた「鏡」「勾玉」に、この「草薙の剣」を加えたものが、有名な「三種の神器」です。どのように僕たちの世界に伝えられたかは、もう少し後のお話で。

こうして、無事に妻を守り切ったスサノオ。

彼はその後、安住の地を出雲国に求め、須賀の地に辿り着くと、

「いま、私の心はとても清々しい」

と言い、この地に宮を建てることに。

その時に詠んだ歌こそ、日本初の和歌と言われています。

八雲（やくも）立つ　出雲八重垣　妻籠（つまご）みに　八重垣作る　その八重垣を

宮が無事に建つと、妻の両親、アシナヅチとテナヅチを呼び寄せて一緒に住んだといいます。二世帯住宅の走りかもしれませんね。

○どうして会話が必要か？神様も「他人の心の中」はわからないから！

「ここでのポイントは、神様も心の中まではわからんということだがね」

ガガがはっきりした口調で言った。

「ふーん、意外だわ。**神様って何でもお見通しだと思ってたけど、そういうわけじゃないのね**」

「アマテラスでさえ、弟のスサノオの気持ちがわからなかったんだもんね」

僕らは、なるほど〜と頷いた。

スサノオが別れの挨拶をしに高天原を訪れた時にアマテラスは、

「あいつは私の国を奪おうとしているに違いない」

と勘違いして、完全武装で迎え撃った。スサノオにしたら、誤解もいいところだ。

「よく聞くがね。**ほとんどのトラブルは、小さな思い込みから始まるのだよ。神様だって他人の心はわからんのだ。だからまずは相手の話を聞くこと、そして会話をすることが大**

事だがね。すべてはそこから始まる」

「じゃ、そういう意味ではイザナギの対応は素晴らしかったですね」

父イザナギと息子スサノオのやり取りを思い起こして、僕は言った。

イザナギは命じられた仕事をしないスサノオに対して、いきなり叱りつけるのではなく、「なぜ、おまえは命じられた海原の統治をせずに泣きわめくのか？」

と、まず聞いた。

何気ないワンシーンだけど、この姿勢がキモだったのだ。そのおかげで、「母に会いたい」という、スサノオの心を知ることができたのだから。

「聞くことは、相手を受け入れる行為でもあるがね」

「受け入れる？」

「さよう。人間は、相手に自分の考えを知ってもらうだけで安心するのだよ。仮に自分と違う意見であっても、最後まで聞くことで、自分を受け入れてもらえたと相手は感じるのさ。そして、それが信頼を生んでゆく」

「考えてみればそうですね。信頼できるって思う人ほど、相手の話をちゃんと聞いてくれる印象があります」

「ああ、ちゃんと話を聞いてもらえた、って感じるだけで嬉しいものね」

僕とワカも納得の声を上げる。

「神様とて、他人の心はわからないのだ。人間如き(ごと)がわかるわけなかろう。だから知りたければ、まず聞く。思いを伝えたければ、まず話す。その基本がモノを言うのだよ。グダグダとこねくり回さず、シンプルにな」

知りたければ、聞く。
わかって欲しければ、話す。
基本的なことだが、それがなかなかできぬのが人間だがね。
思い込み。
偏見。
先入観。
それらに操られて勝手に決めつけていないかね？
自己完結していないかね？

実は、そんなところにトラブルの種は潜んでいる。
そんな種は芽を出す前に、処理してしまうに限るがね。
大事なことほど、「話を聞く」。
必要なことほど、「ちゃんと話す」。
それさえできれば大丈夫だ。
思いは伝わるものだからな。頑張りたまえ。

争いは何も生まない。自己の主張に固執せずに、サクッと打開策を見出すべし

「まあアマテラスとスサノオ姉弟はケンカはしたけど、無事解決ってことよね。いつまでもお互いの我を通そうとするんじゃなく、すぐに誓約、まあ調停みたいなものだけどそれで決めることにしたのは好感が持てるわ」

面倒くさいことが大嫌いなワカが言った。うん、僕もそう思う。

「僕もあのまま言い争いが続けば、本当に戦いが始まっちゃうかもと思ったよ。その点で言えば、**即座に判断を第三者に委ねようと言ったスサノオも、それを受け入れたアマテラスも偉い**よね」

神様に対して偉いなんて言い方は失礼だけど、本当にそう思うのだ。なんせ人間同士もちょっとした意見の違いですぐにイザコザが起きる。

「私はこう思う」

「いや違う、これはこうだ」

というふうに意見がぶつかることは世の常だ。

仕事でも、恋愛でも、家庭でも、どこでもそうじゃないだろうか。

そんな時にみんなが、無理に押し付け合って険悪になったり、立場の強い人の意見を無理に納得しようとしたり。

それを続けていれば、やがて必ず歪みが生じる。

アマテラスとスサノオだって、もしもお互いの言い分を通そうとしたら戦いが起きていたかもしれない。神様大戦争勃発で、今の世に伊勢神宮（アマテラス）か、八坂神社（スサノオ）のどちらかが存在しなくなっていた可能性も否定できない。

そんなことを想像すると、今の世で良かったと思う。僕はアマテラスもスサノオも好きだから。すると、

「タカの心配はもっともだが、あまり心配することはないがね。日本の神様は面白くてな。そこが神様の神様たるゆえんであり、最大の特徴なのだよ」

と、ガガは言った。

「最大の特徴ってなに？」

ワカが意味がわからんとばかりに眉根を寄せる。

「**日本には、重大な局面では第三者に審判を委ねる誓約という風習があったがね。ことの成否や真偽、善悪などを神様に伺うのだよ。そして、その判断には皆が従うのが決まりだった。**アマテラスとスサノオのような神様もそれを実践してみせた」

そう言って僕たちの顔をじっと見据えて、こう続けた。

「だから人間たちにも『第三者機関』という言葉があるだろう？」

「！」

僕は驚いた。

確かに犯罪などの不正が起きた時、もしくはそれを防ぐために設置される第三者委員会や独立委員会というものが存在する。お互いの意見が食い違い、争いになるのを防ぐために、第三者の目で公平に透明性を持って判断して、みんなが納得する解決策を見出すためのものだ。

僕たちの社会でもこの方法は日常的に用いられ、テレビでもよく耳にする。耳にする分だけ、世にはイザコザが多いのだろうが、でもまさか、神様の時代からそんな方法を活用していたとは驚き以外の何物でもない。

「神様が第三者機関を使うなんて、想像したことすらなかったな」

僕は心からそう言った。

でもそこが「何でも神様が正しい」とする、完全無欠の外国の神様との一番の違いなのかもしれない。

「**お互いがわかりあえないと思ったら、他の可能性を探る。決して、自分の正義を振りかざして相手を傷つけることをしない。**そこが日本の神様のスゴイところであるのだよ」

そう言ってガガがニッコリと笑った。

世の中はうまくいかないことだらけ。

誰かと意見がぶつかるなんて、しょっちゅうだがね。

だが、そんな時こそ意固地にならずに、他の可能性を探ることも必要だぞ。

第三者の意見を聞いてみる「柔軟性が大切」だからな。

それをアマテラスとスサノオは、教えてくれている。

まあ多勢に無勢で、まともに戦っては勝ち目がないと踏んだスサノオが
「じゃあ、第三者機関（誓約）に決めてもらおうよ」

と、逃げた可能性もあるが、それでも、それを受け入れるアマテラスの懐の深さがあってこそだ。

なぜなら、アマテラスはあえて事前に「誓約の条件」（勝ち負けのルール）を決めずに始め、誓約が終わってからスサノオに結果を決めさせた。

もしかしたら、それがアマテラスの優しさだったのかもしれんがね。

さすがは最高神アマテラス、と言っておこうではないか。

「ダメな自分」を受け入れると、ビュンッと飛躍できる不思議

「それにしてもさ、その後のスサノオの暴れ方は迷惑極まりなくない？　なんでアマテラスはビシッと叱らなかったのかしら。私だったらボコボコよ、あんたふざけるんじゃないわよって」

そう言うとワカは、シュッシュッとボクシングの仕草をする。きっとワカの頭の中には、彼女の弟の顔が浮かんでいるに違いない。ブルブルブル、あまり深く考えるのはよそう。

たしかにアマテラスは、田んぼを壊されても糞を撒き散らされても、

「きっと、田んぼを広げようとしてくれたのよ」

「糞は、酔っぱらって吐いちゃったようなものでしょ」

と、無理があるとしか思えない言い訳をして、弟をかばい続けた。まるで、都合の悪いものに蓋(ふた)をするかのように。ほんの少し前に、完全武装までして弟を迎え撃とうとした姿

とはまるで別神のようだ。

　すると、そんな僕たちの疑問を察したようにガガが口を開いた。

「アマテラスは、いわばやましかったのだよ。すべての原因が相手ではなく、自分にあると気が付いたがね。つまり自らに非があることを認めていたのさ」

「その罪悪感からスサノオに強く言えなかったってことですかね？」

「悪気がない弟を疑ってしまったからな。しかしまあ、これは人間たちにも言えることだがね。**都合の悪いことに耳を塞いだり、無理に『良いことだ』と思い込もうとすると心にも体にも負担がかかる**。アマテラスもその例外ではなかった」

　そう言ってガガは、ゆらゆらと首を横に振った。

　たしかに最近は、

「運が良いと思いましょう」

「すべてのことに感謝しましょう」

　そして、

「ポジティブな言葉を使いましょう」

　という感じで、無理なポジティブ思考を奨励する傾向がある。

ポジティブに考えなくてはいけない。

感謝しなければいけない。

いい言葉だけを使わなければいけない。

そして、これはきっと悪いことじゃないんだ。

そんなふうに無理に嫌な事実を心の中に押し込めて、自分自身に嘘をつく。

だけど、それは不都合な事実や悪い感情を心の中に押し込めているだけで、決してそれらがなくなるわけではない。

その負の感情はどんどん心の中に積もり積もっていく。その結果、最高神アマテラスでさえ心が限界に達して、現実から逃げるように天の岩屋戸に引き籠(こも)ってしまったのだ。

「負の感情は負の感情として認めた方が良い。そこから逃げないのもまた強さだがね。それに、認めてしまえば楽にもなるのだ」

「でも、その方がわかりやすくていいですね。無理に悪い感情を押し込めていると、周囲も気を使います」

僕が言うと、ガガが大きく頷き、「それにな」と続けた。

「人間らしくてよいではないか。人はそう簡単に悟る生き物ではないし、悟ったふりほど気色悪いものはないがね。人生は良いことも悪いこともある。それ全部含めて、人間らしく今日も元気に生きたまえ！」

そう言ってガハハと大きな声を上げて笑った。

嫌な出来事があった時や負の感情が芽生えた時に、事実に目を瞑(つぶ)りポジティブに考えれば、たしかにごまかしはきくかもしれん。

だがそれは、一時的な麻酔(ますい)に過ぎん。ましてや、心に負荷がかかり、ポジティブに考えられなくなった自分を責めてしまったら、そこからがまた大変だ。

ポジティブに考えられぬ時は、素直に負の感情を認めたまえ。

怒りや悔しさ、悲しみの感情を、そのまま受け止めるのだ。

「ポジティブになれない時だってある」

「たまには、ダメな自分でもいいじゃんか」

そのくらいに考えたほうが楽になる。感情に負けるのも、またひとつの

方法なのだ。
必要だから、その感情が出てくることを忘れるな。

信じたもん勝ち。苦境逆境を打破する「笑い」のすごい力

「アマテラスも、自分のしたことに負い目を感じて強く言えない時があったのね」

罪の意識で、身動きが取れなくなる。

これは僕たちにも経験があることだ。

だけどそれに縛られていてはダメだってことをアマテラスが教えてくれた。特に立場のある人や家族を持っている人ならなおさらだ。その中にいる人たちにまで大きな影響を与えてしまうから。

だけど、と僕は思った。そこから引きもどしてくれたのも……。

「そんなアマテラスを救ってくれたのも、自分の周りにいてくれた八百万の神々だったわけですね」

「さよう。神様も人間も助け合っているのだよ。そしてそれを実現した力こそが『笑い』だったがね」

八百万の神々にとって、アマテラスの光がこの世からなくなったのは想像を絶するピンチだったに違いない。

真っ暗闇に包まれ、悪しき神々の声が満ちる世界。

出口の見えない恐怖の中で、絶望した気持ちになったに違いない。これはまさに、コロナ禍に見舞われた現代社会にも通じるところがあるのではないだろうか。

しかし、その空気を一掃（いっそう）した力が「笑い」だったのだ。

「今でこそ、笑いが人間に与える効果は科学的にも証明されているが、すでに日本の神様はそれを実践していたのさ」

僕はハッとした。

ガガの言う通り、現代では「笑うこと」で免疫力がアップしたり、自律神経を整える効果が認められている。笑って腹式呼吸をすることで、多くの酸素を取り入れて脳の働きも活性化するとも言われている。

実際にアメリカや日本でも、医療現場に笑いを取り入れる試みが行われているくらいである。

それだけ笑いには、人間に大きな力を与えるエネルギーがあるのだ。

「だから神々も無理やりアマテラスを引っ張り出すことはしなかった。みんなで楽しく歌い、そして笑うことで心に訴えかけようとしたんですね」

賑(にぎ)やかな笛や太鼓に合わせてアメノウズメが踊り、お酒の酔いで頬を赤らめた神々が手を叩いてドッと笑い声を上げるシーンを僕は思い浮かべる。

うん、楽しいじゃないか。自然と笑みがこぼれた。そして、こっちまで楽しい気持ちになるのを実感した。

「どうだね？　笑いを想像するだけでも心がゆるむだろう？」

ガガが僕の顔を覗き込む。

「ええ、ほんとに」

笑顔は人に安心を与える。

そして不思議な力をも与えてくれる。

何より日頃からニコニコしている人は、周りに与える印象も良い。

それから僕たちは人と話をする時には、常に「笑い」を意識することを決めた。

会話の中にもクスッと笑えるネタが入るだけで、さらに話は弾むし、親近感も湧いてくる。まさに笑いは万能薬だ。

しかも、

「古代の日本人は、笑いには苦境を打破して明るい未来を拓く効果があることも熟知していたのだよ。その証拠に、古事記の天の岩屋戸のくだりを読み返してみたまえ」

ガガの言葉に僕は古事記の本を手に取ると、パラパラと読み返す。

そこには確かにこう書かれていた。

八百万の神共に咲ひき

そこには、「笑う」を「咲う」と表現されていた。

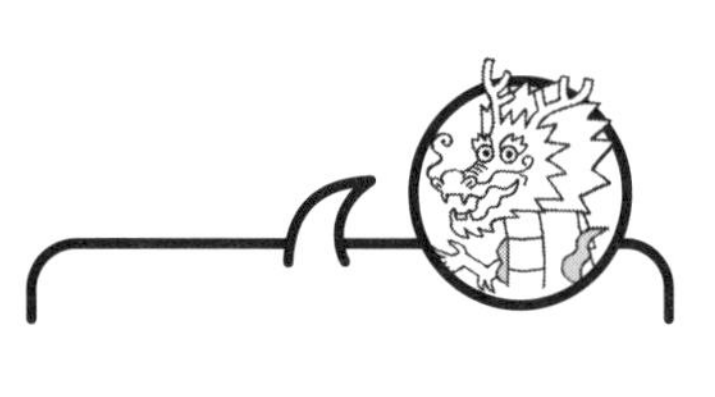

明るい未来を花が咲くようにパッと開く。

そんな力が笑いにはある。

ならば、それを活用しない手はないだろう。

つらい時ほど、笑いを忘れない。意識して笑顔で過ごす。

その強い気持ちが、どんな苦境をも打破する力になるのだよ。

「初めの一歩」は自分から。大事な判断を他人に委ねて、自分の人生懸けちゃイケマセン

ここでガガが「しかしだ」と、語気を強めた。

「あくまでも最初の一歩は自らの足で踏み出すことは忘れてはいかんがね」

「えっ、どういうことですか？」

「タカや。おまえ、さっき『そんなアマテラスを救ってくれたのも』と言ったよな？」

「はい。だって、タヂカラオがアマテラスを引っ張り出したわけですよね？」

何か変なことを言っただろうか？　と僕は首を捻る。

すると、ガガは僕が先ほど持ってきた古事記の本を指差した。

「では、そのシーンをもう一度読み返してみたまえ」

言われて僕は、古事記の原文を読み返した。アマテラスがタヂカラオに引き出されるシーンだ。

「えーと、なになに。天照大御神、逾（いよ）よ奇（あや）しと思ひて、稍（やをや）く戸より出でて、臨（のぞ）み坐（ま）す時に……。あっ！」

思わず叫び声を上げた。

「引き出される前に、自分で出てきてる……」

「そうなのだ。**アマテラスは、自分の足で初めの一歩を踏み出したのだよ。**たしかに、神々に誘われたのは事実だがね。新しい神様があらわれたと聞けば、気になるだろう。だが、神々にできるのはそこまでさ。あとは、すべてアマテラスに委ね、信じた。そしてアマテラスもそれに応えた」

神様はキッカケをつくったにすぎないということか。しかし、これは僕たちも大いに学ぶべきことではないだろうか。

今は、なんでも手助けするのがいいことだと教えられる。やってあげるのが優しさと思われることも多い。だけど、それは少し違うんじゃないか。

子どもにも、職場の後輩にも、手取り足取り教えるだけでなく、まずは自分でやらせてみる。重要なのはそこではないだろうか。

特に最近、自分で決断できない人が増えた。

もちろん周りに頼るのは悪くないけど、それでもやっぱり最後の決断は自分でしなくちゃいけない。決断してこそ、そこに責任が生まれるのだから。

決断できない人は、自分で責任を負いたくないのだとガガは言う。失敗した時に、「あの人に言われたからやったのに」という言い訳ができるかららしい。なるほどね。

「やってあげる」「決めてあげる」という行為は、一見優しいように感じるけど、その人から責任も決断する勇気も奪ってしまう。

だから、助言はしても手は出さない。そんな姿勢を僕は大切にしている。

そして僕自身も、どんなに助言をもらっても、最後の決断は自分で下し、そして一歩を踏み出すことを心がけている。

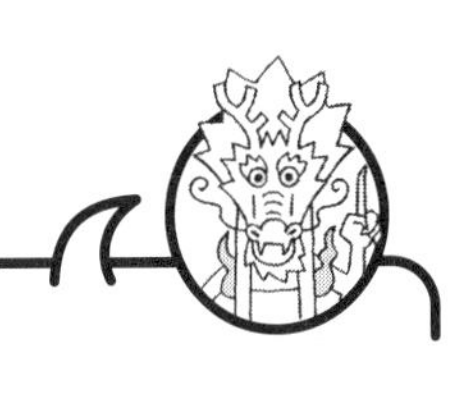

神様に願いを叶えてもらいたい。救って欲しい。

そんな気持ちは誰にだってあるだろう。

だが、神様はポンと、現実を変える術は持っていない。

物事を動かすことができるのは、生きている人間だけなのだ。

神様は人間たちの環境づくりやお膳立てはするが、そこから一歩を踏み出せるかどうかは、人間にかかっている。そう、すべては諸君次第ということさ。

今ある環境を変えたければ、もっと上を目指したければ、今すぐ一歩を踏み出すがね！　すべてはそこから始まる。

アマテラスが一歩を踏み出したことで、世界が光で満たされたように。

大切なものを持つ。そして、人は強くなっていく

僕はある光景を思い出していた。アマテラスの鎮座する伊勢神宮に、早朝参りをした時のことだ。

五十鈴(いすず)川にかかる宇治橋を渡りながら見た、その奥の大鳥居の美しさが忘れられない。頭上に昇る朝日は、この世のものとも思えないほど神々しかった。**その輝きを見ることができたのも、自分の意志でそこに行こうと行動を起こしたから**だ。

「それに比べて、スサノオは相変わらずだったわよね」

ワカが苦笑しながら言う。

高天原を追放されたスサノオは、葦原中国に降り立ってからも相変わらずのやりたい放題。食物の女神を呼び出しておいて、「無礼な！」と怒って斬り殺してしまう。あげくに、カミムスヒにまで呆れられ、彼女の担っていた五穀の管理を担わされては世話はない。だけど……。

「それでも八岐大蛇を退治するくだりでは、別神のような活躍を見せますよね」

僕が何気なく呟いたひと言に「さよう、だからこそのスサノオなのだ」とガガが食い付いた。

「スサノオは、ここで我々にとても大切なことを教えてくれているがね」

「大切なこと?」

はて? なんだろう、と僕は考える。

知略を駆使して、大蛇を退治したことか?

他人を救う善行を積んだことか?

龍神様の見解はいかに。僕はガガの言葉に耳を傾ける。

「**それは愛するものを手に入れることで、人も神様も強く、そして優しくなれるということさ**。タカや、スサノオはクシナダヒメに一目惚れしたわけだが、その後どんな行動に出たかね?」

「そりゃ、大蛇を退治してクシナダヒメを救い、結婚したんですよね」

僕が言うとガガがチッチッと指をタクトのように振った。

「おまえはバカだな。よく古事記を読みたまえ、逆なのだよ。スサノオは先に両親の許可を得て結婚してしまっているのだ。つまり、自分の愛するものを見つけ、それを真っ先に手に入れたのだ」

そうか！　僕は納得して手を叩いた。これは世間が勘違いしているところかもしれない。多くの童話などでは、お姫様を助けてから結ばれる話が定番である。**しかし、日本の神様は違う。欲しいものは先に手に入れる！**

古事記でも、クシナダヒメの父アシナヅチが「立て奉らむ」と、娘をスサノオに嫁入りさせているのだ。

「そして愛するものを手に入れたスサノオは強く、優しくなれたのだよ」

ガガの言葉が、僕の心にスーッと沁み込んでいった。

僕にも覚えがある。**「家族のため」「愛する人のため」という気持ちは、心を強くも優しくもしてくれる。**

「一生懸命」という言葉がある。

これは、命を懸けて一つのために生きる、と書く。

考えてみれば、自分のために自分の命を懸けるというのはおかしな話だ。

それなら、自分の他に大切なものがある人だけが、何かに一生懸命になれるとしたらどうだろう？

もしかしたらスサノオは、それまで大切なものがなかっただけじゃないか？何をしていいのかわからない。守るべきものもない。

そもそも、自分は何のためにいるのだろう？

そんな気持ちしかなくて、感情的に振る舞うことしかできなかったとしたら。何に対しても一生懸命になれなかったとしたら。

これは、現代を生きる僕らにも当てはまる。

何にも関心がなく、自分が何をしたいのかもわからない。ただ、毎日を無気力に過ごしている人も多いと思う。

そういう時には、スサノオの物語に目を向けて欲しい。

スサノオは、クシナダヒメという愛する女性と出会い、夫婦となることで守るべきものができた。**自分のすべきことが明確になった**のだ。

そして、これまで見せたことのない知略を駆使し、八岐大蛇を退治してしまった。彼は、これまで得たことのない喜びと充実感を持ったに違いない。

「スサノオの気持ちの変化は、その後の行動にもあらわれているがね」

スサノオは、八岐大蛇の尾から出てきた剣を、いろいろあった姉アマテラスに献上した。過去のわだかまりを越えた瞬間だ。

その後、夫婦で住む宮を建てると、すぐに妻の両親を呼び寄せる優しさも見せている。

「**大切なものがあると強く、優しくなれる。それは人間も神様も一緒**なのね」

噛みしめるようにワカが言った。


大切なものがあるから、人は一生懸命になれるのだ。

もちろんそれは、人間や生き物ばかりとは限らん。

自分にとって大切なポリシーやプライドという人もいるし、夢中になれる趣味だという者もいる。まあ、タカにとっては家族や友達、それから何といってもファンの存在ということになるだろう。

大切なものを見つけることが人生に彩りを加え、自分自身を大きく成長させてくれる。これこそ素敵な生き方だと思わんかね？

感情で動けば損をする。身をもって教えてくれた神様

「そうしてスサノオは僕たちに、本当に大事なことを教えてくれてたんですね。これまでは、どうもやんちゃで感情的なイメージしかなかったけど」

僕は感嘆の言葉と共に大きく息を吐いた。

イザナギといい、スサノオといい、感情的で欠陥だらけの神様というイメージが強かった。

「まるでタカそのものね。そう思わない？　ガガ」

ワカの言葉に、ガガは「まったくだがね！」と笑った。

「まあ……否定はしませんけど」

僕は頭に手をやって苦笑いだ。

何を隠そう、僕自身も昔から短気で感情的な性格の持ち主だった。

子どもの頃から怒りっぽく、気に食わないことがあるとすぐに手が出るという、なんと

もまあ厄介なガキだったと思う。しかも大人になってからもそういうところは変わらなかった。おかげで……。

「感情のまま行動するとだいたい後悔することを学びましたね。ほんと、ロクなことにならないというか」

僕はこめかみをポリポリと掻く。

「それでいつしか、自分が損をするだけだと気付いて直すようになりました」

そう言って首をすくめた。

これは、僕が身をもって痛感したことである。

「スサノオはそういうところも手本を示してくれたといえよう。言われた役目を放棄して父に見放され、姉のところで暴れて追放される。食物の女神を殺して、仕事を増やされる」

「あーあ、僕とおんなじだ」

神様とおんなじとは失礼な言い草だけど。

「感情のままに行動すると損をするだけ。一度立ち止まって考える余裕を持つ。そこも含めて、スサノオはおまえたち人間に多くのことを教えてくれているわけさ」

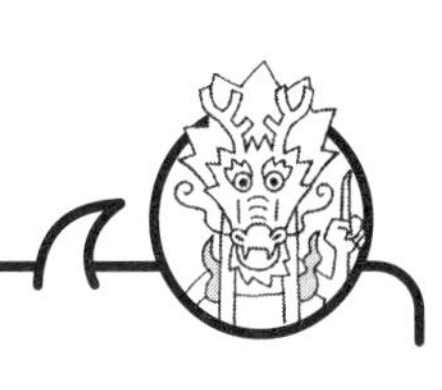

スサノオを祀る八坂神社や須賀神社、八雲神社などの祇園信仰の神社は、全国で2000社を上回る。それだけ日本人に対して影響を与え、崇敬されている神様の証なのだ。

自分の痛い部分もすべてさらけ出し、

「こうすると失敗するぞ」

「こうやって成長していくんじゃ」

ということを、その身で示してくれたと言っていいだろう。

日本の神様多しといえども、これだけ上から下まで経験しているジェットコースター的神様もいないがね。

ずっとうまくいく者はいないし、ずっと悪いことばかりの者もいないのだ。

神様だって成功と失敗を繰り返しながらも、頑張っているのだよ。

そして最後に、偉大な神様となることで、

「だから、みんな大丈夫だ！」

と言ってくれている。
スサノオとは、そんな人間くさいカッコいい神様なのだ。

さて、そんなスサノオの物語も終結し、いよいよ縁結びでも有名な出雲大社の神様、オオクニヌシが登場します！

3章

オオクニヌシの国造り

自分の思いを形に

葦原中国の平定へ。史上初のザ・下克上

――泣き虫オオクニヌシが地上の王になる

時代は、スサノオの六代孫のオオクニヌシまで進みます。

オオクニヌシには、たくさんの兄弟がいました。

ある時、美しいと評判の因幡（いなば）のヤガミヒメに求婚しようと、兄弟たちは皆で旅に出ました。オオクニヌシは乗り気ではありませんでしたが、兄弟たちの荷物持ちとして連れていかれることに。

すると、気多（けた）の岬（みさき）に着いたところで皮を剥がされて倒れているウサギと遭遇したのです。ウサギを見た兄弟たちは面白がり、

「おいウサギ。海水を浴びて風に当たり、山の頂上で寝ていれば治るぞ」

と、ひどい嘘を教えます。しかし、ウサギはその言葉を信じて言われた通りにすると、皮は風に吹かれて乾き、無残に裂（さ）け、その痛みでさらに苦しむことになってしまいました。

　そこへ遅れてやってきたオオクニヌシ、

「おや、ウサギ。大丈夫か？　一体どうしてこんなひどいことになったのだ？」

と声をかけると、ウサギは息絶え絶えに事の次第を語り始めたのです。

　聞けば、ウサギは隠岐の島から海を越えてくるのが夢で、ある時、和邇（わに）（サメの類（たぐい）を出雲地方ではワニと言いました）に「君たち一族と我々とで、どちらが多いか数えてみようじゃないか」と持ち掛け、和邇を並ばせると、数を数えるふりをして背中を踏んで海を渡ろうとしたのです。あと数歩でこの国へ上陸するというところでウサギは、気が緩んだのか、

「へへへ、まんまと騙（だま）されたな。僕は海を渡りたかっただけなんだよ」

と、口を滑らせてしまったのです。

　それに怒った和邇は、最後の一匹がウサギを捕まえ、白い皮を剥いでしまいました。その後、通りかかったオオクニヌシの兄弟たちに騙されて、さらに痛みを負うことになったのです。それを聞いたオオクニヌシは、かわいそうに思い、

「ならば、すぐに河の真水で身体を洗うといい。そして、水辺に生えている蒲（がま）の花を敷き詰めて、その上に横になりなさい。肌はきっと治るだろう」

　そう教えたのです。

ウサギがその言葉に従ったところ、傷はみるみる治っていきました。

これが有名な「因幡の白兎」の物語です。

しかも、オオクニヌシのこの助言は大変的を射ていました。というのも蒲の花の花粉にはイソラムネチン（フラボノイド）という成分が含まれていて、傷を治す効果があることが、現代医学でわかっているのです。彼の医学知識はピカイチだったと言えるでしょう。

ウサギの予言と兄弟神たちの策略

そして、傷が癒えたウサギは喜び、オオクニヌシに向けて叫びました。

「あの兄弟たちは、ヤガミヒメに好かれることはないでしょう。彼女の心を射止めるのはあなたさまです」

そう予言したのです。するとどうでしょう、こぞって求婚にあらわれた兄弟たちに対して、ヤガミヒメはこう言い放ちました。

「私はあなたたちの言うことは聞きません。オオクニヌシの妻となります」

それを聞いた兄弟たちは烈火のごとく怒ります。

そして、あろうことか皆で相談し、オオクニヌシを亡きものにしようと企てたのです。

まずは、伯耆国の手間（てま）の山のふもとで、
「この山には赤い猪（いのしし）が出る。我々兄弟が追い込むので、おまえが待ち受けて捕まえろ。でなければ、おまえは殺されてしまうぞ」
そう脅（おど）すと、素直に従ったオオクニヌシめがけて、猪に似た大きな石を焼き、転がり落として殺してしまいました。それを見ていた母サシクニワカヒメがカミムスヒに泣きつき、二柱の貝の女神（キサカイヒメ・ウムカイヒメ）を派遣してもらって、オオクニヌシを生き返らせてもらいました。

しかし、兄弟たちはそれでもおさまらず。今度は、大きな木を切り裂いて、その割れ目にオオクニヌシを挟みこんで、またまた殺してしまいます。

オオクニヌシ、人が良いのか、いや、神が良いのか騙（だま）されすぎです。

その都度、母の尽力で生き返らせてもらうわけですが、これではキリがありません。

ついに母は、
「オオクニヌシ、よく聞きなさい。このままでは、おまえは兄弟たちに滅ぼされてしまいます。今すぐ、紀国（きのくに）のオオヤビコのところへ行きなさい」
と言ったのです。

オオヤビコは、イザナギとイザナミが二柱で生んだ家屋の神様です。強い雨風から家屋を守るように、守ってもらおうと思ったのかもしれません。

しかし、追いかけてきた兄弟たちは弓に矢をつがえて、今にも襲い掛からんばかりに、

「オオクニヌシを差し出せ！」

と迫って来ます。

様子を窺っていたオオヤビコはいよいよ危ないと判断し、オオクニヌシを一本の大きな木のところへ案内するとその木の股(また)を指差し、

「ここをくぐって、根之堅洲国にいらっしゃるスサノオに助けを求めなさい。きっと力になってくれるはずです」

そう言って送り出してくれました。

オオクニヌシの恋と試練

そのような経緯で辿(たど)り着いた根之堅洲国で、真っ先に出会ったのがスサノオの娘、スセリビメでした。二柱は見つめ合った瞬間、恋に落ち、結婚しました。さすが神様は即断即決、好きなものはまず手に入れます。

そして、スセリビメは家の中に入り、父であるスサノオに、

「お父様、大変ご立派な神様があらわれたので、私結婚しましたわ」

と報告したところ、スサノオは驚きます。自分だってクシナダヒメとサクサク結ばれたのに、そのことは棚に上げるところがアレですが、まあ僕らにも覚えがありますよね、自分のことは棚って。

そして、家の外に出てオオクニヌシを一瞥すると、

「ほう。さすがは我が娘が惚れた相手だ。こいつは、葦原中国を背負うべき男だぞ」と、見抜くのです。しかし、実際は、

「まあ、まずは入れ」

そう言って彼を招き入れると、蛇がうじゃうじゃいる室屋に閉じ込めてしまいました。

やはり、人間も神様も、可愛い娘を取られるのは嫌だとみえます。

すると、スセリビメがオオクニヌシに蛇の領巾（女性が肩にかける布）をそっと渡し、

「あなた、蛇に喰われそうな時はこの領巾を三度振って追っ払ってくださいな」

と言いました。そして実際にオオクニヌシがそのようにすると、蛇は鎮まりました。

次の日は、たくさんのムカデと蜂のいる室屋へ入れられましたが、そこでもスセリビメ

が、ムカデと蜂の領巾を渡してくれて、事なきを得ました。

無事に室屋から出てきたオオクニヌシを見るとスサノオは、

「くそっ、これでもダメか。ううむ、我が娘を奪おうとするヤツめ。次こそは」

と、拳を握り呟きます。

そして今度は、広い野原に連れて行くと、鳴り鏑（矢を射ると音が出る鏑矢）を遠くへ射ました。そして、

「さあ、今射た矢を取ってくるのだ」

とオオクニヌシに命じます。すぐさま、オオクニヌシが矢を捜して駆けていくと、なんと周辺から火を放ったではありませんか。おいおいスサノオって感じですが、この過激さが父親の心情を表していて、面白くもあるのです。

絶体絶命の大ピンチ

炎はオオクニヌシをどんどん追い詰めていきます。

「もはや私もこれまでか」

逃げ場を失い、絶望しかけたその時です！

オオクニヌシの足元から、
「内はちらちら、外はぶすぶす」
と、ネズミの囁き声が聞こえてきたではありませんか。オオクニヌシは急いでその付近の地面を探りました。すると、穴を発見！　すぐにそこに身を潜め、炎をやり過ごすことができたのです。するとそこへ、先ほどのネズミが矢を咥えてやってきました。オオクニヌシ、みごと矢をゲットです。

そんなこととはつゆ知らず、夫が焼け死んだと思い、泣きながら葬儀の準備をしていたスセリビメ。
「おーい、私だ！　無事だぞー」
と、矢を手にしたオオクニヌシがあらわれると、彼女は大喜びで抱きつきました。

オオクニヌシは、スサノオに矢を差し出します。スサノオが「取ってこい」と言った鏑矢です。

さすがのオオクニヌシも死んだろうと確信していたスサノオも、これには大いに驚き、ついに彼を認めるしかなくなりました。スサノオ、年貢の納め時か。

そうやって、やっとの思いで結婚を許してもらえたオオクニヌシでしたが、まだまだ試練は終わっていませんでした。そう、父スサノオはどこまでもしつこい！

スサノオは、広い部屋に横になると自分の頭を指差して、

「おい、オオクニヌシ。ちょっとわしの頭の虱を取ってくれぬか」

と頼みます。

「わかりました」

とオオクニヌシが近寄って頭を覗き込むと、なんとそこにはムカデがうようよと這っているではありませんか。驚いて固まっていると、スセリビメがすっと木の実と赤土とを差し出して、目くばせしてきました。それにピンときたオオクニヌシは、木の実をバリバリと噛み砕き、赤土を口に含んで、吐き出したのです。

するとスサノオは、自分のためにムカデを噛み砕いてくれたのだと勘違いし、安心したのかグッスリと眠り込んでしまいました。

恋の逃避行

その瞬間、オオクニヌシは、

「よし、事を起こすには今しかない！」

と、長いスサノオの髪を素早く柱に縛り付けると、生太刀と生弓矢、それに天の詔琴を持ち出して妻と共に逃げ出しました。しかし、その時に手に持った詔琴の弦が木に触れて大きな音を鳴らしてしまったのです。その音で飛び起きたスサノオは、オオクニヌシが自分の娘と逃げ出そうとしているのに気付きます。

「うおっ、おまえら！　どこに行く！」

そう叫ぶも、縛られた状態ではうまく起き上がれません。

そうこうしているうちに、二人の姿はどんどん遠ざかっていきます。

そこでついに観念したスサノオは、

「待て、待てーい！　わしの話を聞いてから行けー！」

そう叫んで呼び止めると、

「オオクニヌシよ！　おまえはその手に持つ、生太刀と生弓矢で襲ってくる兄弟たちを追い払え。そして、葦原中国を統治する王となりやがれ。我が娘を妻として、出雲に高天原まで届くほどの宮を建てて住むがいい。こいつめっ!」

ついにスサノオが、オオクニヌシを認めた瞬間でした。

オオクニヌシはその言葉に大きく頷くと、スセリビメとともに再び歩き出したのです。

そして、父はスサノオの言葉に従い、兄弟たちを追い払うと、葦原中国を統一するための事業に着手しました。

ちなみに、オオクニヌシが戻ると因幡からヤガミヒメもやってきたのですが、正妻となったスセリビメにひと睨み(にら)され、自分の産んだ子どもを木の股に隠して帰ってしまったとか。そこは、さすがスサノオの血を引く娘といいましょうか。ちょっとだけ、ヤガミヒメが気の毒な気もします。その時に隠した子どもを木俣神(きのまたのかみ)、もしくは御井神(みいのかみ)といい、木と泉の神様となったのです。

海からやって来た小さな神

そうして、葦原中国の統一を目指して国造りを開始したオオクニヌシでしたが、国をつくるというのはそう簡単にはいきません。思うようにいかない日々が続き、オオクニヌシは悩んでいました。そんなある日、オオクニヌシが出雲の美保(みほ)の岬で海を眺めていると、天のガガイモの船に乗ってやってくる小さな神様を見つけました。

オオクニヌシは不思議に思い、

「キミの名は？」

と問いかけるも……、何も答えません。周りにいる神々にも聞いてみましたが、誰もわからないので困っていると、

「あ、もしかしてクエビコなら知っているかもしれません」

と、案山子（かかし）の神様の名を出したものがいました。そこで早速、使いを出してクエビコという案山子の神様に話を聞くと、どうやらカミムスヒの子ども、スクナビコナであると言うではありませんか。かのカミムスヒも、

「おお、それはまぎれもなく我が息子、スクナビコナじゃ。あまりに小さいもんじゃから、私の指の間から滑り落ちてしまったらしい。せっかくなので、そなたの国造りを手伝わせてはどうかの？」

と言うので、スクナビコナと共に国造りを進めると、滞（とどこお）っていた事業がスムーズに進み始めたではありませんか。オオクニヌシも心強い相棒を得て大満足でした。しかし、ある程度事業が進むと、スクナビコナは突然、常世（とこよ）の国（海の彼方にあるとされる不老不死の国）

へ去ってしまったのです。

「せっかくここまで順調に進めたのに……。この先、私はたった一人でどうすればよいのだろう。困った……」

オオクニヌシが途方に暮れていると、またまた海の向こうから光り輝きながら近づいてくる神様を発見します。

「よっこらせ。あんたがオオクニヌシかい？」

「い、いかにも私はオオクニヌシだが、あなたは一体……」

「簡潔にいこう。私をよく奉り、敬うことで国造りを手伝ってやるけど、どうする？」

その言葉にオオクニヌシは、渡りに船とばかりに、

「なんとありがたい。もちろんです！　どのようにしてお奉りすればよろしいでしょうか？」

と、飛びつきました。

そうやって、御諸山（三輪山）に奉られたのが、オオモノヌシ。今でも大神神社に祀られる神様です。

こうして、スクナビコナやオオモノヌシの力を借りて、ついにオオクニヌシは葦原中国を統一した王となったのです。

「小さなこと」を疎かにすれば、「大きな成功」はつかめないと心得よ

「いよいよオオクニヌシの登場ですね！」

待ってました！　とばかりに僕は手を叩いた。

僕はオオクニヌシが大好きなのだ。これまで様々な縁に支えられてきたのは、オオクニヌシのおかげだと本気で思っている。

「こうやって物語を改めて読むと、**今となっては偉大なオオクニヌシも、最初は兄弟たちにイジメられる弱い存在だった**のが興味深いわ」

古事記のページをめくりながら、ワカがしみじみと言った。

たしかに葦原中国統一という大きな事業を成し遂げた偉大な神様だが、最初は兄弟たちの荷物持ちから始まっている。すると、

「さすがワカさん、よくお気づきになりました」

礼儀正しく滑舌（かつぜつ）の良い声が響いた。

「あ、この声は」「黒龍さん」

僕とワカの声が揃う。

「ガガさんは所用で出かけておりますので、ここは私が詳しくご説明しましょう」

「それはありがたい、お願いします」

黒龍はニッコリと微笑み、説明を始める。僕たちは姿勢を正して耳を傾ける。

「どんなことでも初めは小さなことから始まるのです。一見、なんてことない出来事でも、その小さなピースがたくさん集まることで、人生というパズルが形作られ、初めて大きな絵が完成することを忘れてはいけません」

たしかに人生は、なんてことない雑用の繰り返しと言っても過言ではない。それが大きな成功につながるなんて、想像できない人がほとんどだろう。

朝起きてご飯を食べること、部屋の掃除をすること、友人との会話、学校や会社でのレポートの提出に、日々の買い物など。一見、それが何の役に立っているのかと思うことの方が多い。

そもそもオオクニヌシの荷物持ちだって、まさかそれが葦原中国の王になる道につながるなんて思ってもみなかったはずだ。

兄弟たちに従って荷物を持たされる弱い神様だったけど、自分に課せられた仕事を一生懸命にこなした。小さな仕事でも腐らずに、真剣に取り組むことで一歩ずつ大きな偉業へと近づいていったのだ。

そこで僕は、元メジャーリーガーのイチローの言葉を思い出した。

「ちいさいことを重ねることが、とんでもないところへ行くただひとつの道なんだなというふうに感じています」

イチローが、メジャーリーグの年間安打数の記録を破ったときのコメントだ。

小さなことを積み重ねることで、これまで誰も到達したことのない日本とメジャー通算で4367安打という前人未到の記録を打ち立てたイチロー。しかもこの記録は、ギネス世界記録にまで認定されているほどだ。

なるほど。オオクニヌシが身をもって示してくれたこの教えは、確実に現代にまで受け継がれているわけか。

「今できることは些細なことかもしれません。ですが、その些細なことに真剣になれない人が、どうして大きな成功を収められるでしょう？」

「そうですね。誰だって初めは小さなことからしか始められません」

僕だってそうだった。最初はビックリするくらい地味なところから始まった。

ブログを書き始めた頃は、ロクな文章も書けなかった。だけど、毎日コツコツ真剣に頑張った結果、今ではこうして本を書かせてもらえる立場になれたのである。


突然、偉業を成し遂げられる人間はどこにもいない。

誰もが今できる小さなことから始まっているのだよ。

そんなことは皆、わかっているはずなのに、多くの者が一足飛びに成功したいと夢を見る。

その結果、小さなことを疎かにしてしまうのだ。

それでは、いつまで経っても行きたい場所に辿り着けぬがね。

目の前の雑用を疎かにしない心がけが、その先の大きな道へとつながっている。

さあ、諸君が今できることはなんだ？

「ところで、ガガさんの所用ってなんですか？」

僕は気になっていたことを聞いてみる。

大体、龍神様の所用ってなんなんだよ。

「ガガさんは、明日の龍神朝礼の日直を仰せつかっているのです。『起立、礼、着席』と、間違えずに言えるよう、今のうちに練習しているのだそうです」

僕はその様子を想像してニヤけた。なるほど、偉大なる龍神ガガも、今できる小さいことに真剣なのだ。うん、僕も見習おう。

小さな喜びこそが次への力となるのです。「続ける楽しみ」の見つけ方

「それにしてもさ、オオクニヌシってへこたれない精神の極みだと思わない？」

ワカがコーヒーを淹れながら言った。

「まあね。それは思うよ」

「でしょ？　小さなことを頑張るって言っても、オオクニヌシはとにかく失敗と挫折の連

続じゃん。よくもまあ続いたなと思って」

私なら絶対に途中でやめちゃうわ、と妻はペロリと舌を出した。

すると黒龍は、「実はそこがポイントなのですよ」と、人差し指を立てる。

「え？　どういうこと？」

「あきらめないのが大事ということですか？」

僕たちの問いかけに黒龍は、少し考えてから口を開いた。ひとつひとつ丁寧に答えようとする姿勢が伝わってくる。

「人は挫折や困難なことに遭遇すると、そこであきらめてしまいがちです」

「わかります」僕たちは頷き、先を促した。

「それはなぜか？　**人はどこかに『私には無理なんじゃないか？』『僕にはどうせできない』という気持ちを隠しているのです。すると一度の挫折で、頑張っても報われない、という気持ちになってしまいます**。ではここでお聞きします。成功した人、報われた人は、特別だったのでしょうか？」

黒龍の言葉に僕は唸る。

成功した人は特別なのか？　うまくいく人だけがラッキーなのか？　いや、そうじゃない。誰にだってチャンスはあるはずだ。あのオオクニヌシだって初めは、いや、初めどころかけっこう長いこと、弱い神様だったのだから。

兄弟たちにはいいように使われ、騙されて何度も殺されたし。国を造るにも「たった一人でどうすればいいんだよ」と、途方に暮れているし。きっと、妻に助けられなかったらスサノオにも殺されていたに違いない。ある意味、**日本の神様史上最弱**と言ってもいいくらいだ（ごめん、オオクニヌシ）。

それでも最後は、葦原中国を統一し、出雲大社に祀られる偉大な神様になった。どうしてそこまで頑張れたんだろう？　そもそもオオクニヌシは初めから、そんなデカい神様になるつもりだったのだろうか？

「ってか、オオクニヌシには野望があったかってことよね」

ワカが眉間に皺を寄せて考える。そして、僕はハッとした。

野望……そうだ、野望だ。

僕が思うに、彼にはそんな野望はなかった。あったのはきっと……。僕は顔を上げて、黒龍に答えた。

「たぶんオオクニヌシは、**目の前の成功や喜びを大切にしたん**じゃないでしょうか？　自分が特別なんて最初から思っていないから、小さなことに一生懸命になれたし、その小さな成功を素直に喜ぶこともできた。そして何より、好きなことだから続けられた」

「さすがタカさん、その通りです」

僕の言葉に黒龍は、嬉しそうに頷いた。

「頑張っても報われないと感じるその根幹にあるのは、小さな成功を軽んじる気持ちです。私からすれば、それはただの驕りです」

黒龍によれば、小さな失敗や挫折ですぐにあきらめてしまう人は、自意識過剰な人が多いという。意識だけが高いから、小さな失敗や挫折をいちいち気にしてしまう。

「自分にはもっとうまくできるはず」

「理想通りできないと笑われる」

そう気にするが故に、「これ以上続けてうまくいかなかったらカッコ悪い」という心理が働いて、自分からやめてしまうのだ。

「周りはそんなに自分を見てないから、大丈夫なのに。だから自意識過剰なのね」

ワカが呆れたように首を振ったが、僕は、

「ま、気持ちはわかるけどね」

と、ポリポリ頭を掻いた。昔は僕もそうだったから。

子どもの頃、リレーの選手を決めるのに足の速い生徒を集めて競争をさせられたことがある。自信があった僕だったがスタートで出遅れ、ヤバいと思った。このままでは負けてしまうと思ったその時、コースの脇から野次を飛ばしてきた同級生を見つけ、僕は競争の途中で勝負を投げ出し、そいつにつかみかかった。

僕はゴールして負けることから逃げたのだ。最後まで勝負はどうなるかわからないのに。最後までやり切ることを自分から放棄した。

負けることがカッコ悪いと思ったのだ。実際は勝負から逃げる方がよっぽどカッコ悪いというのに。

「うまくいく時もある、いかない時もある。それが人生です。うまくいった時にはそれを素直に喜ぶこと。うまくいかなくても『次があるさ』くらいの気楽な気持ちで取り組めばOKです。**そもそも、あなたの小さなミスや失敗なんて誰も気にしていません**から」

黒龍の言葉に僕は「その通りです」と、肩をすくめた。

目の前の失敗に固執して、そこでやめてしまってはもったいないがね！

そもそも人の失敗など、誰も気にすらしておらんのだ。

恥ずかしがっているのは自分だけ。

結果を出し続ける者とはすなわち、結果が出るまでやめない者に他ならん。

「成功の秘訣とはなんですか？」

と問われたら、

「しつこいこと」

と答えるといいだろう。

成功するまであきらめずに続けることが、一番の成功の秘訣だからな。

しかし一度殺されてるのに、また兄弟たちに従ってしまうオオクニヌシは、もう少し気を付けた方がいいと思うがね。

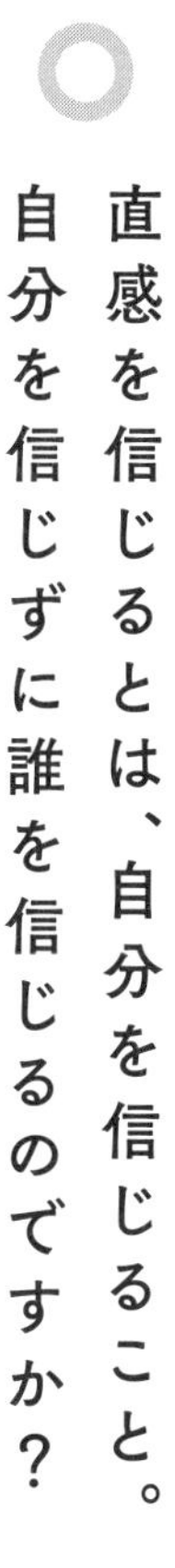

直感を信じるとは、自分を信じること。自分を信じずに誰を信じるのですか？

「ところで、ちょっといいかしら？」

ここでワカが小さく手を挙げた。

「スサノオの時も思ったんだけど、神様ってよく一目惚れで結婚するわよね」

「するねえ、ビックリするほど一目惚ればっかりだよ。これって直感なんですかね？」

と、大いに同意しつつ、僕は黒龍を見た。

この後の物語でもよく一目惚れで結婚する神様があらわれる。山幸彦やニニギなど、ビッと来て次の瞬間には結ばれているケースがとにかく多いのだ。いや、多すぎる。

すると黒龍は、

「では、タカさんは直感とはどのようなものだと考えますか？」

と、まさかの逆質問。僕は腕を組んで思考を巡らせる。

直感とは……閃き（ひらめ）きか？　では、閃きとはどこからやってくるのか？　何もないところから突然何かがあらわれることはないはずだから……。

よく聞くのはドラマなんかでの「刑事の勘で」とか「女の勘よ」という台詞だ。

そして、このどちらもそこそこの経験を積んだキャラクターが口にすることが多い。

ん？　待てよ？　っていうことは。僕の脳裏にひとつの可能性が浮かんだ。

「もしかして、**直感って、経験に基づく閃き**じゃないですかね？」

そう答えると、僕は黒龍の反応を窺う。はたして正解か？　不正解か？

「なんと、よくおわかりになりましたね。タカさんなのに！」

ええ～？　「タカさんなのに」は余計ですよ、もう。

僕のツッコミを華麗にスルーして、黒龍は指を立てた。

「正解です。直感というのは、その人が人生の中で体験し、五感を通して学んできた情報から導き出された答えなのです」

「じゃあ、**直感は自分の心の声でもある**ってことかしら？」

「ワカさん、うまい例えです。その通りといえるでしょう。ですから**直感を信じること**

は、自分自身を信じるということなのです」

神様はみんな一目惚れして結婚している。だけどこれは、自分がどんな相手と相性がいいのか？　どんな相手とうまくいかなかったか？　それを過去の経験から導き出して、「直感」という形で受け取っているに過ぎないということ。

そしてその感覚は、僕たち人間にも当然備わっている。

皆さんも、わかると思う。会ったばかりなのに、

「この人は嫌な感じがする」「なんか信用できないタイプだな」

漠然（ばくぜん）と、そう感じたことが。

実はこれこそ、自分の過去の経験から導き出された心の声に他ならないのである。

だけど、今では直感を信じずに損得勘定で判断する人が増えてきた。

「まあ、お得な話だから」

「とりあえず従っておこう。偉い人っぽいし」

そんな打算が働いて、結局は痛い目に遭う。これこそが、自分を信じなかった結果といえよう。

神様はみんな、自分自身を信じろと教えてくれている。

スサノオも一目惚れで結婚した妻のおかげで強くなれたし、オオクニヌシもビビッときて結ばれた妻に助けられた。そこには美人だからとか、位が高い人の娘だとかいうことは

一切ない。

ちなみにスサノオの妻となったクシナダヒメに関しては、どこにも「美人」とか「美しい」という形容が出てこない。位だって特に高いわけではなかった。それでも自分の感覚を疑わなかったスサノオは、大切な女神と結ばれ偉大な神様となれたのだ。

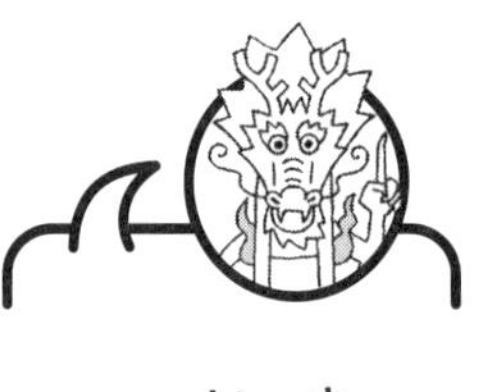

さあ、諸君も直感を。
いや、自分を信じてみたまえ！

○ チャンスは、困難という仮面をかぶってあらわれる。困難に直面した時が大チャンス

「ここでお二人に知って欲しい大切なことがあります」

黒龍が続けた。その言葉に僕たちは背筋を伸ばし、「はい」と答える。

せっかくのありがたい教えを聞き逃してはならない。幸運は自らつかもうとした者に降ってくるからだ。

「チャンスの話です。**チャンスとは多くの場合、困難という仮面をかぶってやってくる**ことをご存じでしょうか？」

「それはつまり……**困難なことが訪れたら、実はチャンス**だってことですか？」

僕が聞き返すと、

「そうです」

と、黒龍は軽く頷いた。

「まず前提として聞いて欲しいのですが。**そもそも神様はまだそのレベルに達していない人にチャンスを与えることはしません**」

いくらその人が「人気俳優になりたい！」と願ったところで、力がついていない段階でチャンスを与えることはないという。実力がないのにいきなり舞台に立つなんて、まず無理だ。そこで恥をかいて夢をあきらめてしまっては、元も子もありゃしない。

「**ちゃんと準備ができた段階で、その機会をつくる**わけね。逆に言えば、力が付かないとチャンスは来ない」

ワカがフンフン、わかりやすいわ、と首を縦に振る。

そういえば因幡の白兎の物語もそうだった。あれはオオクニヌシがしっかりした医療の知識を身に付けていたから成り立った話である。もし、その知識がなくウサギを死なせてしまったら、その後の物語はなかったかもしれない。

「**だから日頃の準備が大切なのか、チャンスが来た時にすぐに動けるように**」

小さなことを疎かにしない、という教えにも通ずることだと僕は改めて肝に銘じた。するとここで、「ですが」と、黒龍が悪戯(いたずら)っぽい笑みをたたえて再び口を開く。

「**神様が成長を促すために、あえてそのきっかけを与えることもあります**。タカさんは、自分が成長したと感じるのはどんな時ですか?」

黒龍の問いかけに、僕は口元に手を当てて、これまでの経験を振り返ってみた。自分が成長したと感じる時といえば……。

「やはり難しい課題をクリアした時ですかね。大きなトラブルを乗り切った時なんかは、自分でも成長したと感じます」

「私もそうだわね。こないだ、夜中に突然うどんが食べたくなったけど冷蔵庫になかったもんだから、小麦粉からうどんを打って完成した時には成長した気持ちになったわ。2時間かかったけど」

ワカが満足げに語る。

妻よ、朝に台所に残されていた小麦粉の残骸（ざんがい）にはそんな意味があったのか。

「ですから困難が訪れた時には、成長するための機会が訪れたと考えるといいでしょう。乗り越えやすくなり、心も強くなれますから」

「よくわかりました。それが、『チャンスは困難という仮面をかぶってやってくる』の意味ですね」

神様は、乗り越えられない課題を与えることはない。
困難と感じる出来事がやってきたら、それはチャンスの訪れと考えよ。
「これを越えて大きく成長しろよ、がんばれ〜」
と、神様が言っているのだからな。

そしてそれこそが、この先にある大きな成長と成功のための近道になるのだよ。

そう、オオクニヌシが壮絶な試練の果てに、大きな偉業を成し遂げたようにな。

新しい流れを受け入れる。変化を拒絶せずに「大きな結果」を呼び込もう

「オオクニヌシは困難を越えて大きく成長したから、国造りという偉業を成し遂げたわけですね。うーん、すごいなあ」

そう考えると感慨深い。僕は古(いにしえ)のロマンに思いを馳(は)せつつ言った。

「いいえ、それだけではありません。大切なことはもうひとつあります」

と、黒龍は続けた。

「たしかに自分自身が成長することは大事です。しかし、それだけで大きな成功を得ることはできません」

「他に必要なことがあるってこと?」

「当然です」ワカの問いかけに、黒龍は頷く。そして僕を指差すとこう言った。

「タカさんは会社で働いていた時に、自分一人ですべてをこなせましたか?」

「**とんでもない!**」僕は首を横に振る。

どんな小さな仕事だって、自分だけでできることは少ない。大きな仕事ならばなおさらだ。たくさんの人の力が必要になるのは当然である。

そう考えた時に僕はひとつの答えに辿り着いた。

「わかった! **周りの力を借りる**ということですね」

「ご明答。どんなことでも自分一人でできるのは小さなことです。それを補ってくれるのが、周りの人たちの力なのです」

オオクニヌシは自分一人では国造りができないことを認め、スクナビコナやオオモノヌシという神様の力を借りた。

ここでのポイントは二人とも**「海の向こうからやってきた」**という点だ。古代の日本では、海の向こうには異世界があると考えられていた。つまり、二人とも文化や考え方の違う神様だったともいえるのだ。

そんな神様たちをオオクニヌシは素直に受け入れ、奉り、共に国造りを進めようとした。自分の考えややり方に固執せずに、仲間を信じ、時には違った考えも受け入れる柔軟さを持つことで、ついにはこの国の統一を果たしたのである。

「**自分だけのやり方に固執しないで、新しい概念を受け入れる。誰かの力ももちろん借りる。**成長にはこれが不可欠な気がするわね」ワカが言った。

自分だけで何とかしない。そして柔軟性を持つ。オオクニヌシを見習おう。

そもそも彼は、スクナビコナが去っていった海を見ながらこう呟いている。

「吾独(あれひとり)して何(いか)にかよくこの國を得(え)作らむ」

(私ひとりでどうやって国を造ればよいのだ)

そう、堂々と「自分ひとりの力ではできない」と宣言してしまっているのだから。

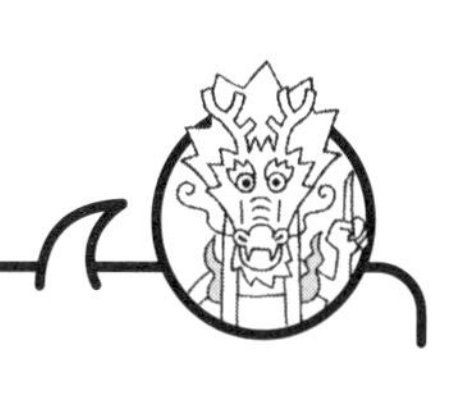

人は自分の中の概念に縛られて、いつしか新しい発想ができなくなってしまう生き物だ。

特にマジメな者ほど他人の意見を聞かず狭い領域から抜け出せずに苦しむことが多いがね。

だが、目標や夢が大きいほど、絶対に自分一人で叶えるのは不可能だ。

そして、自分だけの考えでうまくいくほど世の中は甘くはない。

新しい風を入れること、これができねば前には進まん。今までにない発想を生むことは、道を大きくすることにつながるのだ。
・新しい考えを受け入れる勇気
・未知の領域に飛び込む覚悟
このふたつが絶対に必要になる。

神様だってそうしてきたのだ。人間だって、どんどんやった方がいいがね。

つらい時こそ、ユーモアを。笑えば必ず道が拓けます

「誤解なきよう、ここでひとつ付け加えておきたいのですが」

神妙に黒龍が続けた。

「小さいことを疎かにしない。困難の中にチャンスがある。そういう話をすると、苦しいことでも歯を食いしばって我慢してやりなさいと、そう思われる方もいるかもしれません」

「たしかに」と、僕は頷く。

最近では、「頑張る」という言葉さえも苦痛に感じる人もいるくらいだ。「頑張ること」と「我慢すること」は、まったく違う話なんだけど。

頑張った先に希望があるから人は進めるわけだけど、希望がないことにまで無理に我慢することを、「頑張ること」と勘違いしている人が多い気がする。黒龍が言い回しに慎重になるのも頷けた。


「オオクニヌシは、どんなに苦しい時でも決してユーモアを忘れませんでした」

そんな話がオオクニヌシにあっただろうか？　と、僕は首を傾げた。

するど黒龍はニヤリと笑い、

「タカさん。古事記ではありません。播磨国風土記をご覧ください」

と言った。僕はすぐに風土記に関する資料を本棚から取り出した。

風土記とは、奈良時代に第43代元明天皇の詔によって諸国で作られた、いわば地方に伝わる伝承をまとめたものである。写本が現存するのは、『出雲国風土記』『播磨国風土記』『肥前国風土記』『常陸国風土記』『豊後国風土記』の5つのみとなっている。

「えーと……、どれどれ」

資料をパラパラとめくりながら、ある説話に僕の目は釘付けとなった。

「えっ、マジで？」

そう言いながらも、思わずニンマリとした笑いがこみ上げてきた。そこには、オオクニヌシとスクナビコナの、どこかやんちゃじみたエピソードが綴られていた。

ある日、二柱の神様は、

「あのさ、重い粘土を背負って歩くのと、ウーンチを我慢して歩くのでは、どちらが大変だと思う？」

「うーん、どっちも大変だと思うけど、粘土じゃないかな？　粘土を背負うと足腰が持たないし、一歩進むのだけでも骨が折れるよ、だから粘土！」

「いや、お腹痛くなった時にトイレに行けないと冷や汗かかないか？　だからきっとウーンチだね！」

と、バカバカしいことで言い争いをした挙句、オオクニヌシがウンコを我慢し、スクナビコナが粘土を背負い、本当に勝負することになった。まあ結局、

「うーん、もう無理」

と、生理現象に走ったオオクニヌシを見たスクナビコナが大笑いして、粘土を投げ出したとされている。

「あはは！　すごい話ね！　バカバカしいにもほどがあるけど、ふたりの信頼関係が思い浮かぶわ」

ワカが腹を抱えて笑った。

「でしょう？　**どんな時にもユーモアと笑いを忘れない。その気持ちこそが、どんな困難にも打ち勝てるパワーになるのです。**オオクニヌシは、それを常に心がけていたのですよ」

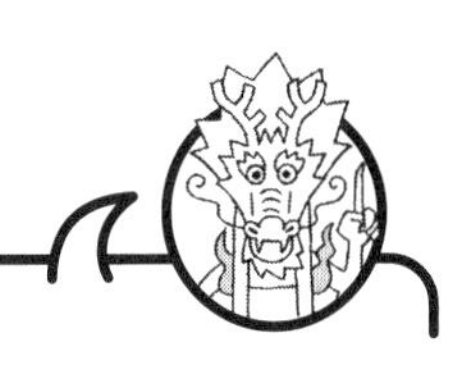

どんなつらい時でも、必ず光はある。
ちょっと見方を変えるだけで、クスッと笑えることは必ずあるがね。
そしてその笑いは、決して悪ふざけとは違うのだよ。
笑いは心を軽くし、どんな困難をも乗り越えるエネルギーに変化する。
狭くなった視野を広げ、周りとのコミュニケーションも円滑にしてくれるだろう。
それが解決策を見つけてくれることだってあるかもしれんぞ。
「つらい時ほど、ユーモアを忘れずに」
これも、偉大な出雲大社の神様、オオクニヌシからのメッセージなのだよ。

4章

オオクニヌシの国譲り

みんなの幸せを考える

前代未聞⁉ 神様同士の国盗り合戦勃発

――アマテラスのワガママとオオクニヌシのスーパー交渉術

そうして無事に葦原中国を統一し、地上の王となったオオクニヌシでしたが、その様子を高天原からジッと見つめていた神様がいました。そう、アマテラスです。

はるか昔に自分たちが追放したスサノオ、そしてそのスサノオの娘婿になったオオクニヌシが統治する国を、果たしてアマテラスはどのような思いで見ていたのかが気になります。

そんなある日のこと。アマテラスは自分の子であるオシホミミを呼び出し、

「あのね、私は最高神なのです。ですから葦原中国は私が統治すべきだし、とはいえ私はそんなに暇じゃないから、私の子どものおまえがなさいな。さあ、今すぐに天降り、統治開始せよ！　早く！」

と、言い放ちました。

驚いたオシホミミは、それでもアマテラスには逆らえないので、とりあえず天の浮橋まで行ってみます。そして、葦原中国を見下ろすと、ゲッと顔をしかめました。

「うわっ、マジか？　まだまだひどく騒がしい状態じゃないか、こりゃ無理だぜ」

すぐさまアマテラスにその旨を報告し、自分がまだ行けるような段階じゃないと訴えたのです。それを聞いたアマテラスは、

「それは困ったわね」

と顎に手を当てて少し考えると、タカミムスヒに声をかけます。そして、天の安の河原に神々を集め、相談することにしたのです。そこで彼女は、かつて自分を天の岩屋戸から引き出す作戦を考えた知略の神オモイカネを指名し、

「葦原中国は私の子どもが統治すべき国なのよ。国が欲しいわ。だけど、かの国は荒ぶる神々で騒がしいようだから、最適な交渉役は誰がよいかしらね？」

と、意見を求めました。

オモイカネはすっと立ち上がり、そこに集まった神々の意見をすばやく集約すると、アマテラスに向けてこう言いました。

「アメノホヒがよろしいかと」

ちなみに、初めにアマテラスに指名されたオシホミミも、アメノホヒも、アマテラスがスサノオとの誓約で生み出した子どもです。

地上へ派遣される天つ神

そんなわけで、アメノホヒがオオクニヌシに国を譲るように交渉しに葦原中国へ降っていったのですが……。

そこは、スサノオまでやり込めた手練手管を持つオオクニヌシ。

「おお、なんと高天原から！　歓迎します。まあ一杯やりましょう」

と、言ったかはさだかではありませんが、アメノホヒは完全にオオクニヌシに心服してしまい、アマテラスへの報告もしなくなってしまいました。そうしてサラッと三年が過ぎた頃、高天原では、

「アメノホヒからの連絡がまったくないのはなぜなの？　おかしいわ。なにやってんのかしら、あの子」

アマテラスがいら立った声を上げていました。するとタカミムスヒが、

「もしかしたら、彼の身になにかあったのかもしれませんな。アマテラスさま、ここはア

メノホヒからの情報はあきらめて、他の神を遣わすのがいいのでは」

と言い、

「う〜む、では……アメノワカヒコはいかがですかな？」

と、オモイカネが進言したのです。

そこで、アマテラスは前回の反省を踏まえ、アメノワカヒコに天のまかこ弓と天のはは矢を授けて、送り出すことにしました。

そして、無事に葦原中国へ到着したアメノワカヒコですが、彼もまたあっという間にオオクニヌシに懐柔(かいじゅう)されてしまいます。オオクニヌシがすごいのか、使いの神様がちょっとアレなのかはわかりませんが、とにもかくにもすっかりこちらの国の虜(とりこ)に。

しかもアメノワカヒコに至っては、オオクニヌシの娘を娶(めと)ると、

「いっそ俺がこの国の王になればいいんじゃないか？」

と、野望を持つようになり、彼もまた八年にわたってアマテラスへの報告をしなかったのです。

今度は八年！　アマテラスの使いの神様、懐柔されすぎ。

さて、そんな状況ですから高天原ではアマテラスが大変なご立腹。

「んもう！　一体、葦原中国ではなにが起きているのよ？　誰か行って確認して来なさい！」

と言うので、神々がオモイカネを交えて相談して、

「で、では、鳴女という名のキジを遣わしましょう」

と提案しました。

鳴女は、すぐに葦原中国へ降ると、アメノワカヒコの家の入口の木の上にとまり、

「荒ぶる神々を服従させるためにおまえを派遣したにもかかわらず、なぜ八年にもわたり報告もしてこぬのだ」

と、アマテラスの言葉を伝えようとしたのです。

しかし、アメノサグメという女神がそれに気付き、

「あれは実に不吉な鳥でございます。すぐに射殺すのがよろしいかと」

とアメノワカヒコに進言したために、彼はあろうことか、アマテラスから授かった弓と矢を用いて、キジを射殺してしまったのです！　ちなみにここでアメノワカヒコをたぶらかしたアメノサグメは、後世に言う「あまのじゃく」の語源にもなったといわれています。

さて、アメノワカヒコが射た矢は、キジを貫通すると、そのまま高天原まで飛んでいっ

てしまいました。さすがアマテラスの授けた弓矢の威力はすさまじいものがあります。

それを発見したタカミムスヒ。矢を拾い上げると、

「これはアメノワカヒコに授けた矢ではないか?」

そう呟くと、しばし矢を見つめながら思案しました。そして、すっと目を閉じると、

「もしも、アメノワカヒコが荒ぶる神々を討とうとして射た矢ならば、彼に当たるべからず。しかし、万が一にも我々を裏切ったならば、彼に災いをもたらすべし」

そう呟くと、「そりゃー!」と、矢を葦原中国目がけて投げ返しました。

次の日の朝、家の者がなかなか起きてこないアメノワカヒコの様子を見に行くと、胸に矢が刺さって死んでいる彼が発見されました……。

悪化する天と地の関係

さてさて。いつまで経っても進展しない状況にイライラマックスのアマテラス。再び神々を集めると、

「何回失敗してるのよ! いい加減に決めないと! ちょっとあんたたち、次は誰を派遣するのがいいと思う?」

そう強い口調で問いかけると、神々は顔を見合わせました。本当に、もう失敗するわけにはいきません。オモイカネがオズオズと進み出て、

「え〜、考えました。天の安の河の河上にいらっしゃるアメノオハバリ。もしくはその子、タケミカヅチが適任かと」

そう申し上げたのです。

アメノオハバリは、かつてイザナギが火の神カグツチを斬り殺した剣の神様であり、その時に飛び散った血から生まれたのがタケミカヅチです。

そこで早速、使いを出してアメノオハバリにその旨を伝えたところ、

「なるほど。この任は私ではなく、私の息子タケミカヅチが相応しいでしょう」

と言い、自分の子を紹介してきたことで、三人目の交渉役はタケミカヅチに決まりました。

勇猛な天つ神、ついに登場

彼はすぐに、アメノトリフネという鳥のように空を自在に飛べる船の神様に乗って葦原中国へ旅立ちました。そして、出雲国の浜に降り立つと、大きな剣を振り回し、逆さまに

突き立て、その切っ先に胡坐を組んで座ると、オオクニヌシに向けて、

「私はタケミカヅチと申す者だ！　アマテラスとタカミムスヒの使いで参った！　おまえの所有する葦原中国は、アマテラスの御子が支配すべき土地である。速やかに渡すか？」

そう迫ったのです。

すると、オオクニヌシは困ったように眉根を寄せ、

「これは弱りましたな。そうおっしゃられても私はすでに隠居したような身です。ここは、私の子であるコトシロヌシに聞いてもらえませんか？　とは言っても、ちょうど今、美保の岬に漁に出かけたばかりでまだ帰っておりませんが……」 

そう答えました。さすがオオクニヌシ、うまく言葉を濁して時間を稼ぎます。

しかし今度の使者、タケミカヅチはそう簡単にはいきませんでした。

「ならば連れてくるまでだ」

と言うや否や、アメノトリフネを遣わせてコトシロヌシを連れてくると意向を尋ねました。その強硬なやり方に恐れをなしたのかコトシロヌシは、

「恐れ多いことです。もちろん、アマテラスの御子に差し上げましょう」

そう答え、逆手を打って、そそくさと乗ってきた船を柴垣に変えて隠れてしまいました。

ちなみに「逆手を打つ」とは、手の甲同士を合わせて音がならないようにしたり、体の後ろで打つなど諸説あるものの、普通とは違うやり方をすることでコトシロヌシが不満をあらわしていたとも読み取れます。どうやら彼も、進んで国を譲ったわけではなさそうです。ちなみにこのコトシロヌシは、今宮戎神社などで祀られるえびす様のモデルとなった神様でもあります。

「あれ？　えびす様のモデルはイザナギとイザナミの生んだヒルコじゃないの？」と思った方もいるかもしれません。実は、日本のえびす様には、ヒルコとコトシロヌシの二つの流れがあるんです。ちょっとした豆知識。

圧倒的な力で迫るタケミカヅチ

さて、コトシロヌシに国を譲ると言わせたタケミカヅチは満足げに、

「おまえの子どもは国を譲ると言ったが、他に聞くべき者はあるか？」

と尋ねます。それに対してオオクニヌシは、

「実は、もう一人。我が子のタケミナカタがおります。彼以外には聞くべき者はおりません」

するとちょうどそこへタケミナカタが、巨岩を手でもてあそびながらやって来ました。

「おい、おまえは誰だよ。俺らの国に来てコソコソと何か企んでるようだが」

そう言ってタケミカヅチを一瞥。タケミカヅチは、自分がここに来た理由を話します。

「ふん、しゃらくせえ。ならば俺と力比べをしようじゃないか。まずは俺がアンタの手を取るぜ」

そう言ってガッとタケミカヅチの手をつかむと、なんとその手はたちまち氷柱となり、鋭い剣の刃に変わったではありませんか。

「ぎゃっ！」

タケミナカタは驚いてその手を離して後ずさり。すると、今度はタケミカヅチが素早く間合いを詰め、タケミナカタの手を握りました。そして、いとも簡単に握りつぶすと、体ごとズドーンと投げ飛ばしてしまいました。

「なんて強さだ、かなわねえ！」

恐れをなしたタケミナカタは一目散に逃げ出します。しかし、必死で逃げるも信濃国（しなののくに）の諏訪湖（すわこ）で追いつかれると、タケミナカタは膝（ひざ）を屈（くっ）して、

「どうか、勘弁してください！　私はもうこの場所から動きませんし、父オオクニヌシやコトシロヌシの言葉にも背きません。国はアマテラスの御子に差し上げます」

と、頭を下げたのです。

その後、タケミナカタはこの地で妻を娶り、諏訪大社の神様となったわけです。

こうしてオオクニヌシの子ども二人は、国を譲ることを渋々（しぶしぶ）ながらも了承。

オオクニヌシもそれに従い、葦原中国をアマテラスたち天つ神に譲ることにしたのです。

しかし、そこはさすがのオオクニヌシです。条件を付けることは忘れませんでした。

最後に彼は、

「自分の国を譲るわけですから、ひとつお願いが。代わりと言ってはなんですが、どうか私が住むための大きな宮を建ててください。アマテラスの御子がお住みになる宮に匹敵するほど高くそびえる宮を、ええぜひとも」

そう要求した宮こそが、現在も出雲に鎮座する出雲大社です。

思いは素直に口にするべし。その意欲から人生が輝き出します

「ってか、この天つ神（アマテラス側）と国つ神（オオクニヌシ側）のやり取り面白すぎるのは気のせい？　この人間くささ、最高なんだけど」

アハハと、大きな声で妻が笑う。

うん、わかる、わかるよ。神様の物語は本当に面白いのだ。なかなか思うように進まなくてイライラするアマテラスに、手練手管を駆使して要求をかわすオオクニヌシという構図がたまらない。なんていうか、心をかき立てるのである。

そして、日本人が好むセオリーというか、最後にタケミカヅチが登場して、すべてを一気に解決するヒーローの物語っぽいところもいい。

というか、タケミカヅチこそが最強の神様じゃ？　とさえ思ってしまう。ちなみにタケミカヅチはその後、鹿島神宮や春日大社に祀られる神様である。

「イザナギのくだりでは神様でも相手の心はわからないということでしたが、**高天原から**

は地上（葦原中国）の様子もよくわからないみたいですね」

地上の様子を知りたいのに使者が連絡をよこさず、アマテラスとタカミムスヒが困惑しているほどだ。神様でも僕たち人間の様子が完璧にわかるわけではないらしい。

「そういえばそうね。地上の様子を窺うのに、高天原と葦原中国の中間にある天の浮橋まで行って、下を覗いていたシーンもあったし」

ワカの言葉に、僕も頷く。

するとここで、

「だから日本には数多くの神社があるのではないか」

ガガの呆れた声が聞こえてきた。

「お、ガガさん。おかえりなさい！」

「あら、ガガ。日直の仕事は無事に終わったの？」

僕たちの言葉にガガは大きく胸を張って、

「当然だがね！　我が朝礼の進行係を務めようとするとだね、『あ、ガガさんここまででで結構ですので。あとは私がやりますから』と、早々に帰してもらえたのだよ。まったく、龍神界でも我は特別待遇なのだ」

そう言って鼻を膨らませた。

きっとまた何かやらかしたのでは？　と僕は心の内で苦笑いしながらも、話を進めることにした。

「なるほど。で、**神様に正しく声を届けるために、日本には約８万社と言われる神社があるんですね**」

そのために僕たちは、時々神社に参拝して日々の報告や感謝を捧げ、願いを申し上げるわけだ。いくら神様でも、心で思っているだけでは伝わらないということである。

「さよう。そして、その姿勢をアマテラスが見せてくれているがね」

「えっ、アマテラスが？」

僕は声を上げてから、アマテラスの行動を振り返る。

アマテラスは以前、スサノオの傍若無人ぶりに眉をひそめつつも、何も言えなかった。だけど再登場した彼女は、別神のように率直に自分の言いたいことを口にしている。

オオクニヌシが葦原中国を統一すると、「あれは私の国！」と、堂々を主張を始める姿は、一見ただのワガママとも感じられるほどだ。

「大体だな、**自分の欲求は口に出さなければ相手に伝わらんがね**。特に最近は、自分では言わないくせに『相手に察してもらおう』というヤツ多いのだよ！」

「あ〜、いるいる。イライラするから嫌いなのよ、そのタイプ。大事なことを誰かに委ねるな！　ったく」

ワカが何かを思い出したように語気を荒らげた。まあ、気持ちはわかる。僕も嫌いだもん。

「結局、自分で責任を負いたくないだけなのだ。自分で言わずに相手にやらせる。言って嫌われたくないという心理もあるな。まあ、そんなヤツは得てして臆病者なのさ」

ガガの言葉に僕はハッとする。

と、いうことは……。

「**アマテラスはワガママになったというより、強くなった**のかも。**勇気ある行動をとれるようになった**ということですかね？」

「お、やるではないかタカ。正解だ。**人間も神様も、堂々と自分の要求を口にするには勇気がいるのだよ**。自分で口にしたことには責任が伴うからな」

「わかります。責任ってなるべく負いたくないですから。だけど、きちんと口にすると覚悟が決まる気がします。それに伴う行動を起こすことで、相手にもその思いが伝わるだろうし」

僕が言うと、ガガがゆっくり頷いた。

「イザナギの章で仏教の『身』『口』『意』の話をしたが、**自分の思いをしっかり口にすることもそのひとつだ。それが相手に、ひいては神様に自分の意思を伝えることにもなるがね。**それをアマテラスが教えてくれているのさ」

思いを素直に口にしてみたまえ。
たとえ、ワガママに思えるような欲求でもな。
まずは自分でその気持ちを認めること、そこから人生は輝き出すのだ。
そしてその意欲こそが、次の行動への橋渡しとなるがね。

一見ワガママに思える要求が通った理由とは？　和を大切にする日本の神様のすごさ

「**一見ただのワガママに見えたアマテラスの言動も、心の内をそのまま伝えただけ**だったわけか……」

ワカはそう言いつつも、納得できない様子でちょっと首を傾け、

「でもさ、そういう人って得てして嫌われない？　振り回される人たちの身にもなってほしいわね」

と、眉をひそめた。

たしかに、ワガママばかりを通そうとする人は嫌われる。だけど、ガガは素直に胸の内を口にしろと言う。アマテラスもそうしたように。

この違いはどこにあるのか？　はたして龍神様の見解はいかに。

僕たちがガガに視線を向けると、ガガは唇の端を上げてニヤリと笑う。

「よかろう、説明するがね。そこが大事なポイントなのだ」

そう前置きをしてから、ゆっくりと説明を始めた。

「日本の神様は、どんな時でもあくまで合議制なのだ。どんなことでも必ず話し合いで決めるがね」

「言われてみればたしかに……」

僕は顎に手を当てて、古事記の話を思い返した。

アマテラスが天岩屋戸に隠れた時も神々が集まって相談していたし、アマテラスやタカミムスヒという上に立つ神様さえも、何かあるたびに神々を集めて意見を求めた。決して自分たちだけで決めたりはしなかった。

ガガに言われて初めて気がついた。たしかに古事記には随所に「神集(かむつど)ひ集(つど)ひて」「神共に議(はか)りて」という文章が目に入る。

日本の神様は常に合議制で物事を決める。これは最高神であるアマテラスも例外ではなかったのだ。

日本の神様は権威であって権力ではない。

ちなみに、アマテラスの血を引く天皇もその例に漏れず、歴史をみても常にみんなの意見を聞いた上で最良の判断を下すことが通例になっていた。そもそも昔の日本には「独裁」という言葉自体がなかったのである。

「なるほど、それならわかる！　自分の意見をそのまま押し通そうとすれば、ただのワガママだけど、それに周りの神様も賛同して行動を起こしたわけだから、みんな同意の上ってことね」

だったら納得よ、とワカが感心して言う。

「会議なんかでも、自分の意見を言わずに、何かが決まってから『私は本当はこうしたかったのよ！』って文句言われても困るけど、ちゃんと意見を出し合った上でみんなで決めたことなら後々揉めることはないもんね」

大切なのは、どんな意見でもきちんと自分の主張を口にすることである。

だけどそれを無理やり押し付けるのではなく、周りの意見も聞いた上で判断する。それができれば、周りも自分がどんな意見を持っていたのか理解してくれるし、後から「本当はこうしたかったのに」なんて後悔が残ることもない。

「多くの者がストレスを抱える原因のひとつがここにある。自分の意見を言えずに悶々としていては、相手に何も伝わらん。**意見は言う。ただし、それを無理に押し付けようとしない姿勢が、周りとのコミュニケーションを円滑にしてくれる**のだよ」

ガガの言葉に、僕らは大きく頷いた。

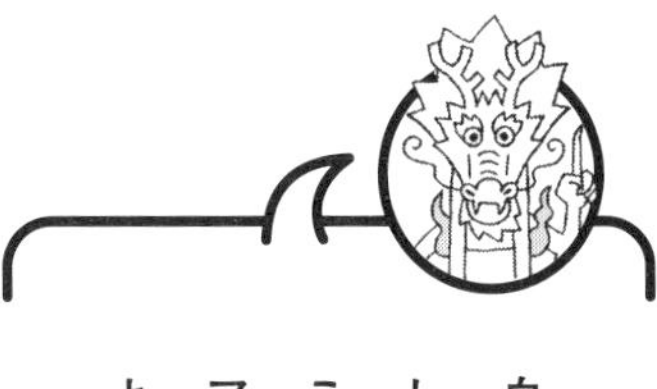

自分の意見はまず口にしたまえ。相手に伝えたまえ。
しかし、それに固執してはならぬぞ。
この二つが自分の心も救ってくれるのだ。
アマテラスが自分の意見を主張するようになって、さらに輝きを増したようにな。

神様も何でもわかるわけではありません。
だからこそ現状把握が大事です

「そうやって物事を合意の上で進めるのは、いいですよね」

日本の神様が手本を示してくれた、この姿が世の中の理想かもしれない。

現代は、それぞれの考えがぶつかり合い、少数の意見でもSNSなどを通じて堂々と発信できる時代だ。便利な反面、ハレーション（周囲を巻き込んで大きな影響を及ぼすこと）も起きやすい。

「そんな時こそ、ひとつひとつ現状を把握しながら着実に進めていきたまえ」

「と、いいますと？」

「天つ神たちは、状況がわからない葦原中国にいきなり『国をよこせ』とはしなかったろう？　まずは、現状を把握し、相手の意見を聞くことを優先した」

アマテラスが、

「葦原中国を自分たちが統治したい！」

と言えば、オシホミミが天の浮橋から様子を窺い、状況を確認。その情報を持って、神々が合議を重ね、

「まずは使者を立て、相手の意見を聞きましょう」

という形で進めることになった。

なるほど。強行はしない。無理やり物事を進めるのではなく、大事なことほど状況を見

極めることが重要だということか。

「ここでのポイントは、彼らはひとつひとつの状況を、『情報』として捉え、次にどんな行動をするのがよいかを考えていった点だがね」

そう言うとガガは手を開き、指を折りながら話を進める。

「まず最初に彼らは、『地上が騒がしい』という情報から、『反対する悪しき神々もいるかもしれない』と考えたのだよ。そこで、葦原中国の王であるオオクニヌシに使者を立てることにしたわけだ」

「だけどその使者が、オオクニヌシに心服しちゃったわけですね」

そうしてアメノホヒが帰ってこないという状況が生まれた。

「すると、『帰ってこない』という情報から、『使者に何かあったのかもしれない』と考えて、アメノワカヒコに弓と矢を渡した」

「なるほど。同じ失敗を繰り返さないよう、その都度対策を立てていたわけですね」

僕はうんうんと頷く。そこまで考えて古事記を読んだことはなかったと、感心してしまう。

「そして最後は、オオクニヌシは油断ならない相手だと考えて最強の神様、タケミカヅチを派遣したのだよ」

「状況がわからない中で、やみくもに動いているわけではないんだな」

僕の言葉にガガは「当然だ」とグッと顎を引いた。

「まずは状況を把握することが大切なのだ。そして正しい情報を取り出し、どう動くのがよいかをその都度考えるがね。それが成功に最も早く辿り着けるコツなのだよ」

目の前の状況をただの状況で終わらせるな。意味のある情報として取り入れ、自分の行動に活かすことを考えるがね。

地味だが、その攻めの行動が物事を良い方向に動かすのだ。

グッドラック!!

「ところで、なんか変じゃない？　今日のガガ、やたらと理論的に説明してくれるんだけど……」

眉をひそめるワカに、僕はコソッと、

「キミ、気付かなかったの？　黒龍さんにシナリオを書いてもらってるに決まってるじゃないか」

と言って、そっと部屋の端に目を向けた。そこには、まるでアシスタントディレクターのように、カンペを構える黒龍の姿があった……。

なるほど。これも、ガガの「説明がわかりづらい」と言われた情報をもとにした行動というわけだ。神様も龍神様も、さすがである。

相手がいれば思い通りにいかないのは当然。人間だって、神様だって

とにもかくにも、だ。古事記には僕ら人間がどう生きていったらいいかや、つまずいた時の乗り越え方なんかのノウハウが、様々な形で詰め込まれている。

それが、決してハウツーではなく、どれも相手があっての物語になっているところがミ

ソだ。あくまでも、それを参考に考える。これが古事記の最大の教えだろう。正直、日本の神様の物語にこんなに深い教えがたくさん盛り込まれていたなんて、思いもしなかった。

これまでは古事記を読んでも、

「へえ～、神様もこんな失敗するのか。面白い」

くらいにしか思わなかった。

しかし、読めば読むほど、神様は人間くさい。そんな人間っぽい神様たちだからこそ、僕たちも大いに参考にするべき内容が詰まっていたのである。

僕としたことが気がつかなかった……うーん、不覚。

すると、

「そんなに落ち込むな。そもそもタカの不覚は、今に始まったことじゃないがね」

「そ。大体さ、不覚がなけりゃタカじゃないんだから、気にしない気にしない」

ガガとワカが揃って手をひらひらと振りながら言う。ううう、なんてこった。相変わらずこの二人、いや、一柱と一人は、容赦がない。

だが、そんな僕にとってもこの国譲りのくだりは、学ぶべきことが多かった。ガガも言った。

「人間も神様も、思い通りにならぬことの方が多いのだよ」と。

「悩んだり、イライラしたりするのは、ほとんどが人間関係にかかわることではないかね？　相手が自分の思ったように動いてくれない。考えに賛同してくれない。そして『こんなはずじゃなかった』と、なるのだ」

「そうですね。悩みの大半は人間関係だと思います」

「だが、考えてみたまえ。そもそも生まれた場所も、育った環境も、みんな違うのだよ。考え方やものの見方だって、まったく同じヤツなどいないのだ」

そりゃそうだ。人の価値観は、生まれた場所や環境で違うし、育つ環境によっても変わる。人の数だけ価値観はあるし、生きていれば価値観同士が衝突するのはごく自然のことだと思う。

「だが、人間は思い通りにいくことを望む。そして、そうならぬことに悩み、怒るのだ。だが、我に言わせれば、それは高慢ちき以外のなにものでもない。神様だって生まれ育ちで価値観が違い、衝突するのだから、人間ごときが狙い違わずいくわけないとは思わんかね？」

ガガの言葉に「まあ、そうだわねえ」と、ワカが唸った。

アマテラスは生まれてすぐに、高天原の統治を任された最高神。いわば、エリートだ。それに対して、オオクニヌシは苦労の末に葦原中国を統治した、いわば叩き上げだ。考え方や価値観だって違うはず。

お互いの思惑通りに進まないのは当然だろう。ならば、人間が自分の思い通りにいかないからと、いちいち怒るのはナンセンス。おこがましい話である。

価値観なんてものは人それぞれだ。
それをすべて、自分の思い通りにいかせようなんておこがましいとは思わんかね？
「うまくいかなくて当たり前。うまくいったらラッキー！」くらいが、ちょうどよかったりするのだよ。

「言われてみればその通りですね。僕もあまりイライラしないように努めます」

僕がそう宣言すると、間髪容れずにワカが声を上げた。

「ホントよ〜。タカは、物事に対する好き嫌いが激しいんだから！　一緒に生活してる私の身にもなって欲しいわね」

「は、はい。スミマセン」

僕は首をすくめた。

すると、その様子を見ていたガガがガハハと笑うと、

「そんな時こそオオクニヌシを見習うといいがね！」

え？　どういうこと？

とりあえず「そのままの自分」でいてみると、好かれる

「思い通りにいかない時こそオオクニヌシに学ぶ、ですか？」

「さよう。まあ、神様が最も好むやり方と言えばよいかね。まず、オオクニヌシのご利益

はなんだ？　答えるがね」

　そう言われて僕は島根県の出雲大社を思い浮かべた。出雲大社といえば……。

「**縁結び**、ですね」

「そうそう、ご縁の国よ」

　僕とワカの声が揃った。

　オオクニヌシの鎮座する出雲大社は、日本一の縁結びの聖地として一大観光地にもなっている。出雲大社前のご縁横丁のお店では、商品価格も「円」ではなく、「縁」と表記されているほどだ。

　なんせ、旧暦の10月には、日本中の神様が自分の氏子(うじこ)たちの願いを叶えるために、オオクニヌシの縁結びの力を借りにやってくるわけだから、その力は神様のお墨付きとも言える。だから全国では神無月(かんなづき)でも、出雲だけは神在月(かみありづき)となる。

「その通りだ。では、問おう。**なぜオオクニヌシはそれだけ強力な縁結びの力を持っているのだろうか？**」

　ガガに問われ、僕たちは思考を巡らせた。

　縁を結ぶために必要なもの、それは……。

「わかった！　広い人脈（神脈）よ。そしてそのためには多くの人に好かれる人間力。あ、この場合は〝神様力〟の方が適切かな？」

ワカの答えにガガは、「正解だ」と満足げに笑った。

「オオクニヌシは、とにかく大変な人たらし。いや、神たらしなのだよ。多くの神々に好かれ、愛されたからこそ、人間の縁をつなぐこともたやすいのさ」

たしかにオオクニヌシは、ウサギやネズミなどの動物、母や妻のような家族、案山子にまで愛され、挙句の果てには敵方からの使者にまで好かれてしまう。来る使者、来る使者がオオクニヌシに心服していく姿は見ていて清々しいほどである。

「ではオオクニヌシがこれだけ多くの者から愛されたのは、なぜだろうか？」

ガガに問われて僕は思わずうーん、と唸る。

改めて聞かれると、なかなかに難しい問いだ。なぜならオオクニヌシには頼りになるとか、カッコいいとか、そういう類のイメージはまったくないからである。

そもそも兄弟たちにイジメられ、殺されてしまうほど騙されやすく、そして弱い。母の尽力で生き返らせてもらっても、繰り返しひっかかって同じ轍を踏むんだから、頭がいいとも言い難い（失礼）。義父スサノオからの仕打ちには、妻の助けがなければどうなっていたことか。

挙句の果てには、国造りだってスクナビコナやオオモノヌシの協力がなければ無理だったに違いない。実際、スクナビコナが去ってしまった時には、海に向かって、

「ああ、私はたった一人でどうすればよいのだろう」

と、途方に暮れているわけで、海に向かって途方に暮れるというのは、相当な気がする。もはや為す術がなかったのだろう、神様なのに。

うん、**こんなに頼りなくて弱い神様は他にいない**。だけど、この神様こそが葦原中国の王となり、今なお全国の神様に愛され、あらゆる縁をつなぐ力を有しているのは紛れもない事実なのだ。

「うーん……。ゴメンナサイ。わかりません」

降参だ。僕は素直にガガに言った。

するとガガはニヤリと笑い、僕の方を指差して、

「タカや。それがまさに正解だ」

とひと言。

「へ？　それ、とは？」

僕は、わからないと言っただけだ。答えなんて言っていない。

「おまえは本当にダメダメだ。我の言うことを聞かんし、いつも我をイジメる悪人だがね。『おまえの言うことわかんねーよ、バーカバーカ』と言って、我を追い出し、ノラ龍にした前科がある、龍神虐待犯だがね」

「ちょちょちょ、ちょっと待ってくださいよ！　僕そんなこと言ってませんってば」

両手を左右に振って、僕は精一杯否定した！　ホントだ、僕はやってない！

まあ、うまくいかない時にこっそり毒づくくらいはあったかもしれないけど、むしろ日頃からボコボコにやられているのはこっちの方だよ、と心の中で反論する。

「しかし、おまえの唯一よいところは、そんなダメなところをあけすけに見せるところだがね。**繕うことをせずに、自分をそのまま見せることができる。**弱いところは弱いままに。ダメなところはダメなままに。バカなところは……」

「いやいや！　もうその辺でいいです」

僕は両手でガガを制して叫ぶ。もはや、褒められてるのか、貶されているのかわからない。

「アハハ、面白い」と、ワカが笑う。

だけど、ガガの言わんとしていることはわかるような気がした。

人は、誰かに好かれようとすれば、どうしても自分を繕おうとしてしまう。

カッコいいところを見せたいし、頭がいいと思われたいのも当然の心理だ。無理をして背伸びをして、慣れない姿を演じようとする。

だけど、そんな気持ちはいつしか「嫌われたくない」という恐さになっていく。相手の反応を気にしては、思うような反応がないだけで嫌われたんじゃないかと悩んでしまう。

「なるほど。**『好かれたい』という思いは、いつしか『嫌われたくない』という恐怖に変わってしまう**んですね」

「さよう。そして、自分をどんどん追い詰めていく。そんな姿に魅力を感じるかね？」

僕は「いいえ」と首を振る。そんな人には魅力を感じない。

思い返してみると、昔は僕たちの周りにもそんな人がいたなあ、と思い出した。

その人は、嫌われないように、相手の機嫌を損ねないようにと、いつもどこかビクビクしていた。

だけど、僕たちがそれに気付くということは、他の人たちも気付いていたと思う。当然、その人は信用されないだろう。だって、いつも繕ってるんだから……。

「ダメなところは、ダメでいい。頭が悪くてもいいではないか。それが今の自分ならばな。本当に愛される人というのは、そのままの自分を出せる人間なのさ」

人に好かれるのは、カッコいいヤツでも頭の良いヤツでもない。自分自身を素直にそのまま出せるヤツなのだ。本当の自分で生きているからわかりやすく、周りの者からも信頼されれ、好かれていくのだよ。やはり素直が一番だがね。

だけど……、僕は言いたい。
別に僕は、ダメなところを出しているつもりはないんですけど！
まあ、それで好かれるのならばいいいんだけど。

みんなが幸せになる選択こそが、どんな「正しい」や「正義」にも勝るって話

「なるほどねえ。でも、ちょっと残念ね。そんなオオクニヌシもアマテラスに国を取られちゃったわけだし。まあ、最後は自分で譲った形にはなったけど、そこまでお人よしじゃなくてもいいと思うのは私だけ？」

せっかく自分が苦労して手に入れた国なのにね、とワカはどこか不満げだ。まあ、キミなら絶対に譲らないような気がする、と僕は心の中で呟く。

それを聞いたガガは、やれやれと苦笑いを浮かべ、

「おまえもまだまだ未熟ということだな。実は、そこがオオクニヌシの最も特筆すべき部分なのだよ。特に今の人間たちには見習って欲しいところだがね」

そう言うと、早速説明を開始した。

「そもそも争いの原因は、多くの場合『正義』や『正しい』のぶつかり合いから生まれるのだ」

「『正義』や『正しい』のぶつかり合い?」

「さよう。多くの人間が自分なりの『正義』や『正しい』を持っている。だが、それはあくまでもその人間の考えに過ぎんのだ。他人には他人の正義があり、そして正しいことが存在する」

ガガの説明に僕はポンと手を叩いた。

「あ、それならわかります。自分は正しいと思っても、他の人にとっては間違っていることってけっこうありますから」

最近は、ネットニュースに誰でもコメントを付けられる時代だ。そこに溢れているコメントには賛否が渦巻き、読むだけで、一人ひとりの正義がいかに違うものかがよくわかる。自分が「いいな」と思った記事でも、「ひどい!」「間違ってる」と批判している人もよく見かける。「正義」も「正しい」も人の数だけあるのだ。

「では、正義と正義がぶつかった時にどんな行動をとればいいか? そこがオオクニヌシの物語の鍵になる」

アマテラスは高天原を統治する自分こそが、葦原中国を統治するのに相応しいと考えた。それが彼女の正義だ。

だが、オオクニヌシは苦労して統一した自分こそが、王に相応しいと考えた。それが彼の正義だった。

ここで正義と正義がぶつかったのだ。

これは僕たち人間も同じで、立場や時代によっても「正しい」や「正義」は変わってくる。最も単純な例を挙げるなら、モノの値段に対するお店とお客の関係だろう。

お店にとっては、少しでも高く売ることが「正しい」となるし。

お客にとっては、少しでも安く買えることが「正しい」となる。

ガガによれば、こんな時にどのような判断をするかでその後の展開が変わってくるのだという。そしてそのお手本となるのがオオクニヌシの行動というわけだ。

「オオクニヌシは、『正しい』ではなく、みんなが『良い』形になる方法を模索したのだよ」

「ではその『良い』とは？」

僕は率直に聞いてみた。

「**みんなが損をせずに納得する方法**さ。人間たちの言葉で言えば、丸く収めると言えばよいかな？」

アマテラスとオオクニヌシの正義がぶつかれば、いつか大規模な戦争になっただろう。だけどそれでは、そこに住む人たちは傷つくし、どちらが勝ったところで遺恨が残るのは避けられない。とはいえ、素直に譲ったのでは自分を慕ってくれている神々にも申し訳ない。

そこで考えた末に、子どもたちに判断を委ね、それぞれに自分で結論を出させた。

コトシロヌシもタケミナカタも、自分で「譲る」と言ったわけだから、後から反論できるものではない。それに、オオクニヌシが王となった後でも「ひどく騒がしい状態」だったというから、もしかしたらアマテラスが統治した方がいいと薄々思っていた可能性だってあるのだ。

とはいえ、無条件で渡すのは自分の立場が許さない。そこで交換条件を出すことで、お互いの面目を保ち、丸く収める方法を模索した。

その結果が、「出雲大社を建ててもらえるなら、国を譲っても良い」との判断をさせた。**自分の「正義」ではなく、みんなの「良い」を選んだのである。**

これを先ほどのお店とお客の関係に当てはめると、お互いが納得のいく値段にすることで、お互いが幸せになるわけだ。

「『正しい』ではなく、『良い』を選ぶか。たしかにそれなら、どんな立場でもいつの時代でも通用する概念ですね」

「そうなのだよ。**我々龍神も、神様も、この変わらぬ概念に沿って人間たちを長く見てきたのだ。時代や立場によって変わる正義ではなく、みんなが笑顔になれる選択をする者を我々は愛する。そして、助けたいと思うのだ**」


人は自分の正義にこだわりがちになるものだ。

「これが正しい」

「これじゃなきゃダメ」

そんな言葉があちこちで飛び交い、言い争いが起きるのが常だがね。

だがそんな時こそ、皆が笑顔になれる落としどころを模索したまえ。

丸く収める、うまくまとめる。そんな度量がある者を神様は愛するし、人としてもカッコいいのだ。

「でも、ちょっと気になることが」

と僕は素朴な疑問を口にする。

「一般的な神社は太陽が昇る東や南を向いていることが多いですけど、**出雲大社は本殿は南向きだけど、その中のご神体が西を向いています**よね。つまり、アマテラスのいる伊勢に、背を向ける格好になっている……」

「なんだかんだ言っても、やっぱり納得がいかなかったのかもしれんがね」

ガガがそう言ってガハハと笑った。

「**その気持ちをお尻を向けてあらわすって、ちょっとカワイイわね。**さすがモテるはずだわ、オオクニヌシは」

とワカも頬を緩める。

そういうところも、オオクニヌシが愛される所以(ゆえん)なのかもしれない。

そう思う。

5章

天孫降臨の物語

口は幸せを呼び、
災いをも
引き寄せる

天上の神、ついに地上へ!!

――「口は災いの元」を地で行くニニギが血をつなぐ

なんやかんやがありましたが、こうして葦原中国を譲ってもらえることになったアマテラス。早速、タカミムスヒと共にオシホミミを呼び出すと、

「やったわね。ここまで長かったけど、ようやく葦原中国を統治するための準備が整ったわ。さあ、善は急げよ。すぐに準備を整え当地へ降り、任に着いてちょうだい！」

そう命じたのです。

しかし、やはり行きたくないのかオシホミミは、アマテラスの様子を窺いながら、

「それがですね。もちろん私が行こうと準備を整えてはいたのですが、待っている間に子どもが生まれたのです。名はニニギと申します。で、考えたんですが、私よりもこの子を遣わすのがよろしいと思うのですが」

そう申し上げました。どうもこのオシホミミ、のらりくらりと嫌なことから逃げる傾向にあります。ちょっとイラッとするタイプです。ま、いますけどね、こういう人。

そんなことはさておいて。聞けば、その子どもはオシホミミとタカミムスヒの娘の間に生まれた子どもであり、アマテラスの孫になるとのこと。ならば、とアマテラスはニニギを呼び出すと、

「と、いうわけでね。葦原中国はおまえが治めるべき国であるから、これに従いなさい。すぐに当地へ降り、よく知らしめてきてちょうだい」

改めてそう命じたのです。

分かれ道に立ち塞がる謎の神

こうして葦原中国へ向けて出発することになったニニギ一行ですが、天から降る途中にある分かれ道に差し掛かった時のことでした。道を塞ぐように大きな神様が立っていたのです。その神様は光り輝き、上は高天原から下は葦原中国まで煌々(こうこう)と照らす力強さに満ちていました。

「ん？　誰なのよ、あれ」

見送りに来ていたアマテラスは、アメノウズメを呼ぶと、

「これウズメ。そなたは私を岩屋戸から引き出したほどの女神、相手の心を開かせる力が

あるわ。だからね、あの妙にテカテカ光ってる神に『これから天孫が降ろうという時に、ここで何をしている？』と聞いてきてちょうだいな」

と、命じました。アメノウズメはそれに従い、「カクカクシカジカなのですが、一体あなたは何者ですか？」と彼に問うと、

「それは驚かせましたな、大変失礼を仕った。私は国つ神、名をサルタヒコと申します。天孫が降ると聞き、ぜひ道の先導をさせていただきたく、お待ちしていた所存であります」

サルタヒコは自ら道案内を買って出たわけです。頼もしい限り。

アマテラスはその申し出を素直に受け入れ、孫のニニギ一行の先導をサルタヒコに任せます。そして、それに加えて自分を天岩屋戸から連れ出すのに活躍した神々をお供に付けることにしました。

占いをし、祝詞を奏上したアメノコヤネとフトダマ、舞を舞ったアメノウズメ、八咫の鏡をつくったイシコリドメに、八尺の勾玉をつくったタマノオヤの五柱の神様。

そして、八尺の勾玉・八咫の鏡・草薙の剣をオモイカネ、タヂカラオ、アメノイワトワケの三柱に託し、

「この鏡を私の御魂として、ひたすらに祈り祭るのですよ。そしてオモイカネ、祭りごと

は常におまえが司るように。わかった?」

とおっしゃいました。

これが、今もなおアマテラスの血を引く証として天皇家に伝わる、三種の神器です。

ちなみに日本書紀には、その時に自分の田んぼでつくった稲穂を渡し、「高天原の神聖な稲穂をおまえに授けよう」と言ったことも書かれています。僕たちが大好きなお米は、アマテラスの神田でつくられたお米が広まったものだったのです。だから、今でも神殿や神棚にお米を供えて感謝を捧げるわけですね。

日向の宮づくり

こうして準備を整えたニニギ一行はアマテラスと別れ、葦原中国に向けて出発。

天空に八重にたなびく雲を押し分けながら威風堂々と道を進み、ついに筑紫の日向の高千穂の峯に辿り着いたのです。

そして、額に手をかざして眼下に広がる光景を一望すると、ニニギは、

「ああ、ここは朝日が海から真っ直ぐ差し込んで、とても素敵だなあ。夕日も美しく、素晴らしい土地だよ。うん、いい感じだ」

そう宣言し、深く掘り下げて太い宮柱を立て、高天原に向けて千木(ちぎ)の高くそびえたつ宮をつくり、住むことにしました。

ニニギ、コノハナサクヤヒメに恋をする！

さて、そのニニギが葦原中国での生活にも慣れてきた頃のこと。ある日、笠沙(かささ)の岬にでかけると、美しい乙女に出会いました。

(なんとイイ女……、いや、美しい乙女だ)

そう思ったニニギは乙女に近づき、問いました。

「あの、君は誰の娘さん？　父上はどなただろう？」

娘は、

「私の父は山の神、オオヤマツミでございます。私はその娘で、名をコノハナノサクヤヒメと申します。姉にはイワナガヒメがおります」

と答えます。

「コノハナノサクヤヒメ……、名も美しい。あなたはとても素敵だ」

ニニギはさらにその娘のことが知りたくなりました。なにせ、見れば見るほど可憐なのです。この美しすぎるコノハナノサクヤヒメに、ついに思いを抑えられなくなったニニギ。

「僕はあなたに恋をしました。いや、恋というより、すでに愛してしまったのです。ついては結婚したいのですが、あなたはいかがか？」

と、お決まりの出会い直後のプロポーズ。もはや、神界のお家芸と言っても過言ではないでしょう。神様は、即断即決。

ただし、今回はこれまでと少し違いました。

というのも、娘の方は「親の確認と了承が必要」と言うのです。まあ、なんというか、ちょっと安心ですね。僕はどちらかと言うと、ヒャッホーと勢いでいくタイプではないので、このコノハナノサクヤヒメの考えは個人的に好きです。

で、父のオオヤマツミに話したところ、「おお、我が娘が天孫（アマテラスの孫）に嫁入りできるとは、なんと光栄なことか！」と、もう大喜び。しかも、

「ならば、姉のイワナガヒメも一緒に！」

と、豪華な結納(ゆいのう)の品々と共に、姉も一緒に嫁がせてきたのです。

しかし、ここでニニギが驚くべき行動に出ます。なんと、イワナガヒメの醜い顔を見るなり、

「う〜ん、僕って面食いなんだよね。だから、きみはちょっとなあ……」

と、現代ならばコンプライアンスに抵触して炎上しそうな態度で、イワナガヒメだけ送り返してきちゃったのです！　ニニギ！　マジかよ！

それを聞き、オオヤマツミはため息を吐き、首を二度三度と振りました。

「ニニギさま、私が娘二人を嫁がせようと考えたのには理由があったのです。そして、姉のイワナガヒメがお側にいれば、雨風にも負けない岩のような堅固さで、あなた様の命はびくともしなくなったでしょう。妹コノハナノサクヤヒメからは、花の咲き誇るような美しさを得ることができたでしょう」

と、残念そうに呟いたのです。

そう、ニニギは姉を拒絶したために永遠の命を得るチャンスを失ったのでした。そして、たとえアマテラスの血を引く天皇家であっても命は儚く、寿命というものができたのです。

怒った女神の決意

しかし、ニニギの「やらかし」はこれだけではありませんでした。

ある日、妻のコノハナノサクヤヒメがニニギを訪れます。

「あなた、私は身籠りました。赤ちゃんができたのです。父親が天つ神である以上、こっそりと産むわけにはまいりませんので、ここに申し上げます」

すると、ニニギは疑いのまなざしで妻を見ると、

「え～！　たった一夜の契りで身籠るなんてあり得なくない？　それってホントに俺の子？　きっと誰か、他の国つ神の子どもじゃないの？」

と、あろうことか妻の浮気を疑う発言をしたのです！

これに怒った妻、コノハナノサクヤヒメ。
そもそも彼女は富士山本宮浅間大社にも祀られる富士山の女神です。富士山はその美しい姿とは裏腹に、幾度となく噴火を繰り返してきた、人間の驚異になりうる側面も持ち合わせている山。その女神が怒ったのですから、さあ大変です。
「ではここで申し上げましょう。私がもし浮気を

していて、この子が国つ神の子ならば、産むときには決して無事ではすまないでしょう。しかし天つ神の子、つまりあなたの子どもならば、きっと無事に生まれてくるはずです」

そう言い放つと彼女は意味深な笑みを浮かべ、ただちに戸口のない建物を建てさせました。そして、たった一人でその中に入っていくと、入り口を塞がせ、なんと建物に火を放ったではありませんか！

「おい、どういうつもりだ！　あぶないぞ！」

「どうもこうも、私は身の潔白を証明するだけですわ。あなたの子ならば、こんな火の中でも無事のはずですよね？」

そんな強い怒りのこもった妻の行動に、ニニギはもう何も言えません。成り行きを見守るしかありませんでした。

そうして、燃え盛る炎の中で生まれた子どもがホデリ（海幸彦）、次に生まれたのがホスセリ、最後に生まれたのがホオリ（山幸彦）でした。

まずは知る。そこから愛情は生まれます

「いつも思うのよね、ニニギってバカなの?」

ワカが呆れ果てたように言った。その口調には、若干の怒りが垣間見える。妻よ、その気持ちはよくわかる。とりあえず落ち着こう。そう思い、なだめようとすると、

「おまえの気持ちはわかるが、順序立てて話そうではないか」

ガガが冷静な口調でそれを一蹴した。

まさか、ガガの口から「順序立てて」などという言葉を聞くとは思わなかった。いつもは感情のままにガーガーうるさいだけなのに。そういえば、誰かが感情的になると、周りの人は意外と冷静になるよな? なんてことを考えてしまう。

しかし、僕たちのそんな心情などお構いなしに、ガガは話を進める。僕たちは姿勢を正して耳を傾けた。

「ここで一番知って欲しいのが、アマテラスがニニギに葦原中国の統治を命ずるシーン

だ。タカや、古事記の原文ではこの場面をどのように表現しているかね？」

ガガに言われて、僕は本棚から古事記の資料を引っ張り出した。

「えーと……なになに」

細かい文章を指でなぞりながら、それに関する箇所を読みあげる。

降りまして知らしめせ（オシホミミに命じるシーン）
この葦原中国は、汝知らさむ國ぞと言依さしたまふ（ニニギに命じるシーン）

「あれ？」と、僕は思わず声を上げる。

「原文では『治めよ』でも『統治せよ』でもなく、『知らせ』と言っていますね。つまり、『この国のことをよく知りなさい』ってことですか？」

僕が聞くとガガは満面の笑みを向けて、大きく頷いた。

「その通りだ。アマテラスはこう考えたのだ。**統治するために必要なのは、国のこと、国民のことを知ることが、何よりも大切だと。国民を知ることで、初めて愛情が生まれる。守りたいという気持ちが、強く芽生えるものだ**」

「うーん、言われてみれば」と、僕は唸った。

心というものが存在する。心は感情そのものだ。

見ず知らずの誰かよりも、身近な人が困っている場合の方が「助けてあげたい」と思う気持ちが強くなるのは当然である。

これこそが、相手のことをよく知っているから生まれる自然な感情だ。身近に感じるから、愛情も湧く。そうして湧いた愛情は、とても強い。

それを理解していたから、古代の日本人は「知る」という表現を「統治する」と同義として使用したのだ。

「なるほど〜、だから相手を知ることが必要ってことか。言われてみれば、自分のことばかりアピールする人には、相手に対する敬意が感じられませんもんね」

「だろ？　だからこそアマテラスは、自分から国民のことを知りなさい、と言ったのさ。**そうすることで相手との心の距離もグッと近くなるがね**」

ガガの言葉で、僕はひとつのエピソードを思い出した。先日、ワカの弟にこんど仕事で会う人のことを聞かれたのだ。一緒に仕事をする上で、相手のことを知っておきたかったらしい。

僕はその人と付き合いがあったので、野球が好きなことを教えた。すると、弟はとても喜んだ。彼自身も高校、大学と野球をやっていて、一時はプロを目指したほどだから、相手に親近感を覚えたと言っていた。実際にその後の仕事もうまくいったらしい。

「たしかに相手を知るだけで、思いが全然違いますね。愛着に差が出るっていうか」

深いなあ、とため息が漏れた。人の心理は複雑だが、シンプルでもあるのだ。その、構造に感心してしまう。

「そして、それには相手の話をきちんと聞くことが大切だがね。人は最後まで話を聞いてくれる相手を好む。安心感と信頼が生まれるからな。相手のことを知れるだけでなく、そんな思いまで抱いてもらえるなら得だと思わんかね？」

ガガの言葉に、僕は思わず笑ってしまった。まさか龍神様から「得だろ？」と言われるとは思わなかった。バーゲンセールじゃないんだから。

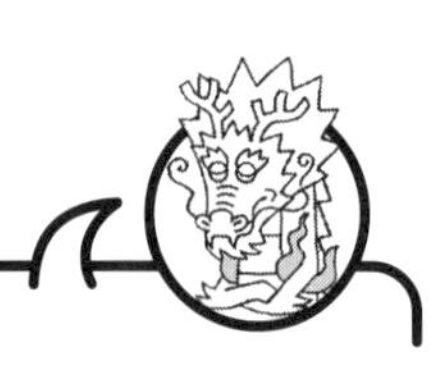

知る。
たったこれだけで、相手への愛情が変わってくるのだ。

好きになることもあるし、嫌いになることもあるだろう。

しかし、そこに芽生える感情が、その後の行動のエネルギーになるとしたらどうだろうか？

「しなければいけないから」ではなく、「心からやりたい」と思えることが、一番の原動力となるのだよ。

アマテラスがニニギに、日本人のことを知るように言ったことで、神様が心から我々を守りたいと思ってくれたようにな。

そう、深い愛情を持つことだ。

「生きた祈り」が続く日本の根底から、強くなれるコツを学ぶ

「それにしても、こんなに長い間、神様との付き合いが続いているってすごいですよねぇ」

アマテラスが祀られる伊勢神宮には、2600年以上の神話の歴史が今なお続いているのだ。日々の祭祀が行われ、生きた祈りが捧げられている。

エルサレムの神殿跡やペルー山中のマチュ・ピチュ神殿跡、ギリシャのデルフォイなど、世界の神話の遺跡はその多くがすでに役目を終え、廃墟となっているのに、だ。

「そこが日本人のすごいところなのですよ」

礼儀正しい声が響いた。おっと、その声は！　と、僕は期待を膨らませる。

黒龍の登場である。

「ふむ。では、ここの説明は黒龍に任せるがね」

ガガもそう言って場を譲った。

「ありがとうございます。では、私からお話しさせていただきます」

黒龍は丁寧に頭を下げると、僕たちの方に向き直った。これはマジメな話っぽい。僕らは再び姿勢を正した。

「まず、人は忘れてしまう生き物なのです。どんな大切なことであっても、人は忘れます。それは仕方のないことですが、もしも何か見える形でそれが残されていたらどうでしょう？」

黒龍に言われ、僕とワカは顔を見合わせる。

「まあ、ねえ」と、ワカが眉間に皺を寄せた。

たしかに人間は忘れる生き物である。悲しい出来事やつらい出来事があっても、その記憶はいつしか薄れていく。そして過ちを繰り返すのだ。だから後世にその思いを残そうと考える。

日本で言えば、広島の原爆ドームもそのひとつだろう。戦争や核爆弾の恐ろしさを後世に伝えるのに大きな役割を担っている。

僕の故郷、気仙沼でも東日本大震災の記憶を残すために、海沿いにあった気仙沼向洋高校の校舎を津波に襲われた時のままに「東日本大震災遺構・伝承館」として保存している。形としてその思いを伝え続ける方法もあるわけだ。

「アマテラスもそれがわかっていたから、その象徴として三種の神器を託し、稲穂を持たせました」

黒龍の言葉にハッとする。

自分の血を引くものが葦原中国に根付いていく中でも、その事実を忘れないように三種の神器を授け、２６００年以上もの時を経てもその思いは変わらずに受け継がれているのだ。

もちろん稲穂だってそうだ。アマテラスから受け継いだお米を食べるたびに、日本が稲穂の実る豊かな国であることに思いをはせることができるのだから。まあ、これについては今は学校でも教えられなくなっちゃったのが、すごく残念なんだけど。

「実はこれは、現代に生きる皆さんにとっても、お役に立つことなのですよ」

「へえ〜。もっと身近なこととかですか？」

僕が聞くと、黒龍はニッコリ笑って「もちろん」と言った。黒龍には、ガガにはない人を安心させる温かさがあっていい。

「ん？　なにか言ったかね？」

「いえいえ」

ガガの入れる茶々を華麗にスルーして、僕は黒龍に続きを促した。

「たとえ頭でわかっていても、不安になることもありますね。ですがそんな時に、『**これがあれば大丈夫**』**というものが目に見える形であると安心**しませんか？」

「うん、わかる。例えば、あんなふうに」

ワカが頷き、隣の和室を指差した。

そこには僕たちの崇敬する神様を祀った神棚がある。

「こうして目に見える神札という形であるだけで気も引き締まるし、『守られている』という安心感も生まれるわ」

それに悪いこともできないしね、と付け加えると、ワカはペロリと舌を出した。

妻よ、キミはまた何か企んでいたのか？

「お守りなども同じ効果があります。もちろん、神社に関係するものでなくてもよろしいのです。愛する家族や大切な人の写真、好きな人にもらった物、思い出の品など、**自分が嬉しくなれるものも、心を強くするのに一役買ってくれますよ**」

会社でもいたなあ。家族の写真を机の上に飾っている人とか。僕は嫌いじゃない、そんな人。

小さなことでも、その人にとっては大きな支えになったりする。

目に見える自分だけの支えを身近に置くだけでも、自分を律したり、いい行動をとる勇気を与えてくれるんじゃないだろうか。

伊勢神宮も20年に一度、式年遷宮（せんぐう）によって宮域内のすべてのお宮を隣の古殿地に新築し、神様にはそちらに移っていただくことを繰り返して、「見える形」として昔の姿そのままに残してきた。持統天皇の690年からずっとである。これこそ、「祈りを見える形で」と考えた日本人の智慧というほかない。

そしてその願いに応えて、日本は長く神様への祈りが続いてきた稀有な国なのだ。


見えないものを信じることは、大切だ。

しかし時には、目に見えるものを頼るのも心を強く持つためのコツになる。

神社のお守り。

大切な人からの贈り物。

守るべき人の写真。

自分だけの宝物。

そんなちょっとしたお守りを持つことで、自分の心を救うことができるなら、活用しない手はないだろう。

本当にやりたいことは口にしよう。「ポジティブな言霊」は幸運を連れてくる

「ふむふむ。そうやって三種の神器や稲穂を携えて、彼らはやってきたんですね」

僕はそう言って目を瞑り、その時の様子を想像してみる。

高千穂の峯に降り立ったニニギは、眼下に広がる光景を眺め、開口一番こう言っている。「素晴らしい土地だ！」と。するとワカが、

「それにしてもさ、ニニギってよっぽど楽天家だったのね。辿り着いたばかりじゃ、素晴らしいかどうかなんてわかりっこないじゃん。大体ニニギってさ、グチグチ……」

その後の妻コノハナノサクヤヒメとの一件のこともあるのか、どうもニニギに対する当たりがきつく感じるのは気のせいか。

するとここで黒龍が口を開いた。

「しかしワカさん。実はこの行為がミソなのです」

「ええっ？　どういうこと？」

聞き返すワカに対し、黒龍が続けた。

「自分の置かれている状況がどうであれ、『素晴らしいこと』と先に決めてしまう。そうするだけで、その後の展開が良いものになる可能性が高まります」

「あの、それってもしかして、予祝（前祝い）ってやつでしょうか？」

予祝とは、古代の日本人が行っていた引き寄せの法則である。これから起きる良い出来事を先に祝ってしまおうというもので、現実として引き寄せる効果があるとも言われている。春の祈年祭で、秋の豊作への「願い」と「感謝」（お祝い）を一緒にしているのも予祝と言えるわけだ。

「ええ、もちろん。そういう意味合いもあります。先に『素晴らしい土地である』と口にすることで、それを現実とする不思議な力が言葉、特に言霊の宿る日本のやまとことばにはありますから。ですが、もう少し現実的な話をすると、前向きな言葉を発することで、その人自身の心の在り方を変えることが可能になります」

その言葉に僕はピンときた。

「**『気分一致効果』**というやつですね！」

「さすがタカさん、その通りです」

僕の回答に、黒龍は笑顔で応えた。

気分一致効果とは、心理学でも有名な理論のひとつだ。

簡単に言えば、気分の良い時は良い出来事ばかりが目につき、気分の悪い時は悪い出来事ばかりが目につくというものである。

そしてそれは、同じ出来事でも受け取り方に明確な差が出るから不思議だ。

例えば、道で出会った友達が微笑（ほほえ）みかけてきたとしよう。

気分の良い時には、「おお〜、私と会えたことを喜んでくれている」と好意的に受け取るが、嫌な気分の時には、「もしかして、私をバカにしているんじゃ？」と、否定的に受け取ってしまうのだ。そして、そこからほころびが生まれてしまう。いうなれば、普段、気分良く過ごせていれば、日常はまあ穏やかなのである。

そしてここで黒龍は、驚くべきことを教えてくれた。

「実は、この**『気分一致効果』は、未来の出来事にもよく効く**ことをご存じですか？」

「えっ、未来に効く？　めっちゃ知りたい！」「僕も！」

僕らがはしゃぐと、黒龍は部屋の隅（すみ）に視線を向けた。そこには新車のカタログと中古車雑誌が重ねられていた。

「あそこにある雑誌とカタログは、以前タカさんが持ってきたものですね。**あれこそ、タカさんの心理と行動を物語っている**のです」

そろそろ車を買い替えようと思った時のこと。その日、僕は編集者との打ち合わせでいろいろダメ出しをされてへこんだ。自信のある作品だったが、「タカさん、ここを直して。それから、ここももっと膨らませないと！」と、ズタボロに言われてしまった。僕は気が弱いのだ。そんなに言われたらやる気をなくすじゃないか……と、悲観的なことばかりを考えていた時に手にしたのが中古車の雑誌だった。

だけど、「タカ、ここでやめるわけ？　タカはどんな作品もベストセラーにしてきたじゃん！　大丈夫、ここから一発逆転よ！」と、ワカに発破（はっぱ）をかけられ、「よし、絶対にいい仕事するぞ！」と気持ちを盛り上げた。そして、いい気分になってもらってきたのが、新車のカタログだったのである。

「なるほど。**気持ちひとつで未来へ向けての行動も変わる**んですね」

僕は深く頷いた。**未来は、ひとつひとつの行動の積み重ねでつくられる。**悲観的な行動が積み重なれば、悲観的な未来しか生まれないのは当然だ。

だから古来の日本人は、先に明るい未来を想像して祝うことで、行動さえも変えていった。

そしてニニギも「素晴らしい土地である」と宣言することで、本当に素晴らしいこの国、日本を誕生させてくれたのだ。

「どうぞ忘れないでください。言葉の力とは、皆さんが思っている以上に大きいという真実を。まずはなりたい自分を想像し、どんどん口にすればいいのです。そうして気持ちを上げて、明るい未来につながる原動力にしていきましょう」


「きっといいことがあるわ」

「素敵なことが待っている」

「素晴らしい仕事をありがとう」

そんな明るい未来をあえて口にするだけで、気持ちも明るくなる。

諸君の行動も前向きになっていく。

前向きな行動は明るい未来につながっていくのだよ、必ずな。

○「口は禍の元」。世の中には、言っていいことと悪いことがある

「**言葉って未来を変えてしまうくらい大切**なんだなあ。そういう意味で言えば、ニニギの物語は言葉で始まり言葉で終わっている気がしますね」

「素晴らしい土地である」という言葉で、明るい未来を拓いたかと思えば、「(醜いから)きみはちょっとなあ……」とイワナガヒメを追い返したり、妻の妊娠には「本当に俺の子?」という、信じられない言葉を吐く面も見せている。

はたしてここから、どんな学びがあるのか。さて黒龍の見解は?

「口は禍の元、ということです」

「えっ、そのまま?」

僕は思わずズッコケた。もっと深い意味が隠されていると思っていた。

しかし、黒龍は真剣な表情を崩さずに続ける。

「簡単で誰もがわかるようなことだからこそ、です。人間の本質は、そんなふとした時に

出るのですよ。タカさんも、同じような経験を何度もしているでしょう？」

あ〜、そうだった……。僕は素直に「はい」と答える。僕はこれまで、言葉によるたくさんの失敗をしてきた。大きな声ではいえないけれども、様々な経験を積むことでそれを改善できてきたといえる（少しは改善したはずだ！）。

「言葉は、人を幸せにもするし不幸にもします。先ほど、言葉によって明るい未来を切り拓けるとお話ししましたが、それほどの力があるからこそ、注意が必要なのですよ」

現代では、ＳＮＳによる言葉の暴力が社会問題になっている。言葉の刃（やいば）は、相手の心をえぐり、傷つけ、時には死の危険にまで晒（さら）すこともある。しかも、心の傷は見えない分だけやっかいだ。

「そう考えると、ニニギの失敗は他人事じゃないし、誰しもが陥る可能性があるんだよな。気を付けよう」

「それ言われちゃうと、どうしようもないわよねえ。私も覚えがあるし……」

僕らは肩をすくめた。

ニニギってひどい男だよね、と笑っていた自分がちょっと恥ずかしい。僕だって何度も失敗を繰り返してきたくせに、人のことは簡単に笑うのだ。たぶん、自分でも気付かないところでも。これは今後、気を付けなければならないと肝に銘じた。

「そのような言葉によるトラブルを避けるために大事なことは、ふたつです」

そう言って黒龍は、指を二本立てた。

「**ひとつ目は、自分が正しいとは限らない、という意識を持つこと。**自分が正しいと思っている人ほど、反対意見の相手に対して知らず知らずのうちに攻撃的な言葉を吐いていることが多いのです」

僕も身に覚えがある。自分が正しいと思うあまり、それを押し付けることこそが正義だと思い込んでいた時期があった。正義だけにこだわれば必ず争いが起きる。これは、オオクニヌシの物語でも学んだことだ。

ニニギも、妻が浮気をしていると決めつけて言葉を吐いた。そこには「自分の考えこそが正しい」という思い込みがあったのだ。

黒龍の言葉を僕はゆっくり咀嚼(そしゃく)した。

「その通りだと思います。今後も一層気を付けます」

神妙に言う僕の様子を確認すると、黒龍は優しく頷いた。

「**ふたつ目は、相手への敬意を忘れないことです。**相手を敬う気持ちがあれば、そこまでひどい言葉が出るはずがありません。誰に対しても、丁寧に誠意をもって接するはずです。それができないこと自体が、相手に対する敬意がない証と言えるでしょう」

自分が正しいとは限らない。
相手への敬意を忘れない。
どんなノウハウを習うよりも、シンプルでわかりやすいこと。
たったふたつのことだが、生きる上で大切なことだがね。
自分が正しいとは限らない、と思えば、
自然と相手の言葉に真摯に耳を傾けられるようになるのだよ。
すると、やがてそこに敬意が生まれるだろう。
すべてがつながっていて、意味がある。
たかが言葉ひとつ、されど言葉ひとつ。
言葉を制するものは、人生を制するのだ。

相手のいいところを探す。そこに自分の「成長の種」が埋まっています

「ニニギは好きじゃないけど、けっこういい話ね。まさかこんな深い話になるとは思わなかったわ。結果オーライかな？」

ワカが言った。妻よ、やはりニニギは嫌いだったか！　僕は苦笑した。

「同感。なんだかニニギの物語は、活躍する場面がないまま終わっちゃってるから『どうなんだろう？』って思ってたんだよね」

僕は率直に言った。

もちろん、アマテラスの血を僕たちの住む日本にもたらしてくれた功績が大きいことは、理解していたつもりである。とはいえだ。他の神様に比べて活躍のシーンがあまりにもなさすぎた。そこがちょっとだけ気がかりではあったのだ。

「しかも、コノハナノサクヤヒメの姉であるイワナガヒメを追い返したもんだから、天皇の命も儚いものになっちゃったわけですし」

「では、最後にその点に触れておきましょうか」

そう言って黒龍はふっと笑みを漏らした。

「タカさんは文章を書くことは得意ですが、料理の才能はからっきしですね？　センスも何もありゃせずに、ひどいものです」

「そ、そんな……そこまで言わなくても……」

自分では下手なつもりはないのだが？　と心の中で口を尖らせつつも、反論はしないでおく。実際に僕は台所に立たせてもらえない。僕が台所に立つのを許されるのは、インスタントラーメンを作る時だけである。ちなみに、塩ラーメンが好きなのだという僕の好みは置いておく。

とにもかくにも、自分の考えが正しいとは限らないのだ。評価は他人がするものだと、自分に言い聞かせて僕は納得した。

すると黒龍は、今度はワカの方に向き直ると、

「ワカさんは、料理はお上手ですが、歌は苦手ですね？　音痴にもほどがあります、まさに公害。俺はジャイアン、ガキ大将」

と言う。（ひ、ひどい……なにもそこまで）という顔をしつつ、ワカも素直に「まあ、はい」

と認めた。

「つまり、どんな人でも得意不得意があるのです。それと同時に、すべてのことが得意な人はいないし、すべてが不得意という人もいません」

「あの姉妹もそうだったということですね」

古事記の記述に沿って言えば、イワナガヒメは美人ではなかったが、雪や風にも負けない強さがあった。コノハナノサクヤヒメは大変美しいが、木の花が散るような儚い命をもたらした。

だけどニニギは、容姿だけを見てイワナガヒメを追い返した。その結果が、「アマテラスの血を引いている身でも儚い命」という制約ができてしまったわけだ。

だけどこれは僕たち自身にも活かせることだと感じた。

人は相手の悪いところに目がいきがちだ。だけど、それでも良いところを見つけられたらどうだろう？　そこを褒めれば相手も喜ぶし、自分も見習うことができる。

そこまで考えてハッとする！

「そうか！　相手の良いところを探すことが大事なのか。ニニギが失敗した一番の原因はそこだ！　それさえできれば、黒龍さんが先ほど言った『相手への敬意』にもつながりますよね」

どうでしょう？　と僕が問うと、黒龍は頷き、

「よくぞ気付いてくれました。**その姿勢が相手に伝わるのです。**タカさんもかつては、他人のあら探しばかりしていましたが、少しは成長したようで私も安心です」

そう言ってニヤリとした。

いやいや、最後にそれはないでしょう。

僕は頭を掻きながら苦笑いで応える。

どんな人間にも。
どんなものにも。
良いところもあれば、悪いところもあるものさ。
良いところを見つけることは、幸運を見つけることにそのままつながるがね。
アラさがしは美しくないぞ。

6章

海幸彦と山幸彦の物語

チャンスは人が運んできてくれる

ある兄弟げんかから人生がわかる。海幸彦と山幸彦の物語

――「最強の血筋」に山と海の霊力が備わったなら

さて。すったもんだのニニギとコノハナノサクヤヒメの間に生まれた三兄弟ですが。

長男のホデリは海で魚を獲っていたので海幸彦と呼ばれ、三男のホオリは山で獲物を得ていたので山幸彦と呼ばれるようになりました。え？　真ん中のホスセリは出てこないのかって？　そう、ここでは出てこないんですよ。ここからは、多くの人にも馴染(なじ)みのある海幸彦、山幸彦の名前で話を進めたいと思います。

ある日のこと、山幸彦は兄の海幸彦に、

「なあ、兄ちゃん。それぞれの道具を交換して使ってみないか？　俺、魚を獲ってみたいんだ」

と提案しました。

「道具を交換？　何言ってんだ、そんなこと俺はしないよ。魚を獲るのは俺の仕事だし、

おまえの役目は山で狩りをすることだ」

その気がない海幸彦は弟の提案にはのりません。しかし、山幸彦は食い下がります。あまりにしつこい弟に兄は根負けし、

「そこまで言うなら仕方がない。一度だけ貸してやる。ただし、これは俺の大事な道具だ。決して粗末に扱うなよ」

と、自分の持っている漁の道具を海幸彦に貸しました。

そうやってやっとの思いで漁の道具を貸してもらった山幸彦は、ようやく自分も魚が獲れると喜び勇んで海に出かけます。ところが、道具をうまく使えず、魚は一匹も釣れずじまい。その上、漁に使う釣り針を海に落としてなくしてしまったのです。

あらら、ダメじゃん、山幸彦。

肩を落として帰ってきた弟の姿を見た兄、海幸彦は、

「ほうら、わかっただろう？　山の獲物も海の獲物も、自分の道具だからうまく獲れるんだよ。さあ、俺の道具を返してくれ」

そう、道具を返却するように言ったのです。

すると山幸彦はおずおずと、

「それが……、魚は一匹も釣れないし、その上、釣り針を海に落として……、な、なくしちゃったんだ。兄ちゃん、ごめん！」

と頭を下げるも、兄は「なんだって？　ほら、言わんこっちゃない！」と大激怒。

なんとか許してもらおうと、山幸彦は大事な十拳の剣を折って五百もの釣り針を作るも受け取ってもらえず。さらに千もの釣り針を作って持って行きましたが、

「こんなもん何の役にも立ちゃしない！　もともと俺が使っていた釣り針でなければダメなんだよ！」

と、拒絶されてしまいました。兄弟に大きな亀裂が入ってしまったのです。

潮流を司る神からの助言

そんなある日のこと。

「ああ……弱った。どうすれば兄ちゃんは俺を許してくれるのだろう」

山幸彦が釣り針が落ちているであろう海を眺めながら、半べそで膝を抱えていた時のことでした。ざざっと波が立ち、海からシオツチという潮流を司る神様があらわれました。

そして、こう問いかけてきたのです。

「はて？　アマテラスの血を引くほどの高貴なお方が、こんなところで泣いておられるのはなぜかいの？」

山幸彦は掌で涙を拭（ぬぐ）うと、

「俺……いや私は、兄の大切な釣り針をなくしてしまったのです。そこで、たくさんの代わりの釣り針をつくって償おうとしたのですが、どうしても受け取ってもらえません。『もとの釣り針以外は受け取らん』と言われて、困り果てていたのです」

そう正直に話しました。するとシオツチは、

「ふうむ、なるほど。それはお困りであろう。ちょっと待っていなされ。この爺がよい方法を考えて差し上げよう」

そう言うと顎に手を当ててしばらく考えました。少しすると何かを思いついたように「おお、これじゃ」と声を上げ、細い竹で編んだ小舟を素早くつくりました。そして、その船に山幸彦を乗せると、

「ワシがこの船を押し出すので、しばらくそのまま行きなされ。潮の流れが導いてくれるはずじゃ。そのうち、魚の鱗のような立派な屋根の宮殿が見えてきますでの。その宮殿こそがワタツミの、つまり海の神様の宮殿じゃから、あなたはそのそばにある井戸のほとりに立つ木の枝に座って待っておりなさい。ワタツミの娘があらわれて、あなたの話を聞いてくれるはずじゃ」

そう言って「せいやーっ!」と、船を海へ向けて押し出しました。

すると、船はシオツチの言った通り、スムーズに海中を進み、あっという間に山幸彦をワタツミの宮殿へと運んでくれたのです。

「海の宮殿」での運命の出会い

山幸彦は早速、言われた通りに井戸のほとりの木に登り、枝に座って待ちました。するとやがて宮殿の扉が開き、ワタツミの娘、トヨタマビメに仕える女が井戸の水を汲みにあらわれました。

女が水を汲もうと井戸を覗き込んだ時に、水面に映る光に気付き、顔を上げるとそこに美しい男がいるではありませんか。不思議に思って見つめていると、

「すみませんが、水をいただけますか」

そう言われ、水を入れた器を差し出すと、山幸彦は首飾りの玉をはずして口に含み、その器の中に吐き入れたのです。するとどうでしょう、玉は器の底にピッタリくっついて離れなくなったではありませんか。

女は驚いて、宮殿に戻るとトヨタマビメに、その玉のついた器を見せました。

「もしや、どなたかいらっしゃっているのですか?」

姫がそう聞くので女は、

「はい。井戸のところにある木の上に座っておられます。美男子で大変ご立派な方ですので、きっと高貴な方に違いありませんわ」

と、今あったいきさつを説明しました。

それを聞いたトヨタマビメは興味を持ち、自分の目で確かめようと宮殿を出たところで山幸彦と運命の出会いをしたのです。はい、ビビビッときてしまったのです。はじめての女性側からのビビビッでしょうか。

トヨタマビメは目を輝かせながら、速攻で、

「お父様、お父様! 立派な方がいらしたわ」

と、父ワタツミにそのことを話すと、ワタツミは、

「おおっ、彼は天孫ニニギさまの子どもであるぞ！」

と大いに喜び、すぐに山幸彦を宮殿に招き入れると、結納の品々を用意してトヨタマビメと結婚させてしまいました。神様恒例の、一目惚れからの即結婚です。

ここに来た理由を思い出した山幸彦

それから山幸彦とトヨタマビメは、仲良く宮殿で暮らしたのですが、三年ほど経った時のことです。山幸彦は、もともとここへやってきた理由、すなわち「兄の釣り針を捜したい」という目的を思い出して、「ああ、そうだった。問題は解決していないのだ。はあ〜」と大きなため息をつきました。

その様子を心配した妻トヨタマビメは父に、

「結婚してから、夫のあんな様子は初めてです。何か悩みがあるのではないでしょうか？お父様、なんとかなりませんか？」

と、相談します。娘の悩みを解決してやりたい父ワタツミは山幸彦を呼び出します。そして、詳しく事情を聞き、兄の釣り針を失くして困っていることを初めて知ったのです

（というか、もっと早く話しておかんかい！）。

ワタツミは海の神様ですから、すぐに大小すべての魚たちを集めると、

「カクカクシカジカで、このような釣り針を見つけたものはいるか？」

と、尋ねました。

すると、何匹かの魚たちが顔を見合わせて、「もしかすると……」と口を開きました。

「最近、鯛が『喉に魚の骨が刺さったようで、痛くて物が食べられない』と嘆いておりました。ひょっとしてその釣り針かもしれません」

そう言うので、早速そのかわいそうな鯛を呼び出して喉を調べると、釣り針が出てきました。そして、それはまさしく海幸彦の釣り針だったのです。

ワタツミは釣り針を洗い清めると、山幸彦に差し出し、

「よく聞いてください。この釣り針をお兄さんに返す時、『この釣り針は、ぼんやりした針、狂った針、貧乏な針、愚かな針』（おぼ鉤、すす鉤、貧鉤、うる鉤）と言って、後ろ手で渡してください。そして、お兄さんが高いところに田んぼをつくったら、あなたは低いところに。反対に彼が低いところに田んぼをつくったら、あなたは高いところにつくってください。そうすれば、私が水を自在に操り、あなたを助けましょう」

「なんと……、何から何まで本当にありがとうございます」

山幸彦は感謝して頷き、釣り針を受け取りました。ワタツミはさらに懐からふたつの玉を取り出して、こう続けます。

「もし、それでお兄さんが怒って攻めてきたら、このふたつの玉で撃退してください。塩盈玉を使えば相手を溺れさせることができます。もし、許しを乞うてきたら塩乾玉を使えば助けることができますので、ご安心を」

そう言って、ふたつの玉を山幸彦に渡すと、すっと手を上げて和邇を招集しました。

「おまえたち。それぞれ何日で、山幸彦を地上へお送りできるか？」

すると一匹の和邇が、

「私が一日でお送りいたしましょう」

と申し出たので、その和邇に乗って無事に山幸彦は一日で地上へ戻ることができました。

そして、ワタツミに言われたように兄、海幸彦を懲らしめることに成功したのです。

ちなみに、その時に海幸彦は、

「これからは、あなたのことを昼夜お守りする役目を担いましょう」

そう言って、宮殿の守護をすることを申し出ました。

その後、海幸彦の一族は、隼人という官職に就き、代々天皇家に仕えることになりました。天皇の即位儀式、大嘗祭で舞われる「隼人舞」は、海幸彦が塩盈玉で溺れさせられた時の様子を滑稽にあらわしたものと言われています。

「産屋を覗かない」という約束

さて、地上へ戻った山幸彦のもとへ、妻トヨタマビメがやってきました。

「おお、愛しい妻よ。一体どうした？」

「赤ちゃんですわ。私はあなたの子どもを身籠っておりました。大事な天つ神の子どもを海中で産むわけには参りませんので、地上へやって参ったのです」

そう言って、海辺に鵜の羽で屋根を葺いた産屋を建てようとしましたが、屋根を葺き終えないうちに「あら、もしかして、産まれそう？」と、トヨタマビメは産気づいてしまったのです。

「わあ〜、大変だ。産屋がまだ完成していないよ、どうしよう」慌てる山幸彦。

「仕方ありませんわ。このまま産むしかありません。大丈夫、元気な赤ちゃんを産みますからあなたは待っていてくださいね」

と、未完成の産屋に入り出産することを決意したトヨタマビメ。

「そうだわ、大事なことを言い忘れました。他の国の住人は、子どもを産むときは自分の国の姿に戻って生まなければならないのです。私も元の姿に戻って出産に臨みます。ですから決して、産屋を覗いてはいけませんよ」

そう言って、産屋の中へ姿を消したのです。

「もちろんさ、決して覗くもんか。安心しておくれ」

山幸彦はしっかりと頷いたのです。

……頷いたのですが、心配です。なにせ昔話のセオリーで、あのイザナギもやってしまった「やるな」と言われるとやりたくなるパターンです。

というわけで、やっぱりここでも無理でした。山幸彦もその例に漏れずに覗いてしまったんですね。オーマイガー。

なんと産屋の中には、大きな和邇が身をくねらせながら子どもを産もうとしている姿がありました。トヨタマビメは和邇だったのです。

本当の姿を見られてしまったことを大いに悲しんだトヨタマビメは、

「残念ですわ。私は海の道を通り、地上と行き来しながら子どもを育てようと思っておりました。ですが、あなたにこの姿を見られた以上、もうここへ来ることはできません」

そう言い残すと、「さよなら、あなた」と海の宮殿へと帰ってしまいました。

ウガヤフキアエズの誕生

そんなふうに生まれた子どもの名は、ウガヤフキアエズ。神名は漢字で「鵜葺草葺不合命」と書き、鵜の羽で屋根が葺き上がる前に生まれた神様という意味です。

とはいえ、やはり自分の子はかわいく、気になるのは親の常と申します。トヨタマビメは、妹のタマヨリビメに我が子の教育を託しました。

そして、ウガヤフキアエズが成長すると、母代わりとなって育ててくれたタマヨリビメと恋に落ち、結婚します。そして生まれた子どもが、イツセ、イナヒ、ミケヌ、カムヤマトイワレビコでした。

この末っ子のカムヤマトイワレビコこそ、後の初代神武天皇となるのです。

自分の「やりたいこと」の見つけ方

「いよいよここからが、ニニギの、つまりアマテラスの子孫の地上世界での物語になるわけですよね」

そして、天皇家の歴史へとつながっていくのだ。

「さよう。そして、ここからは更に学ぶべきことが多いがね。特に実践的なものが多くなるのだ」

「それは知りたい！　ぜひぜひ」

人生は実践だ。実践大好きな僕は思わず揉み手をした。

「まず初めに大事なのが、山幸彦が海幸彦と道具を交換したがうまくいかなかったという点だがね」

「さっき言ってた話につながらない？　誰にでも得意なことがあれば、苦手なこともあるって部分にさ」

ワカが首を傾げて腕を組んだ。するとガガは、

「まあ、半分正解と言っておこう」

と言って、指を2本立てる。

「ここで学ぶべきことは、ふたつあるがね。**ひとつ目は、それが得意かどうか、好きか嫌いかは、やってみて初めてわかるという点なのだ**」

「ははあ。つまりどんなことでも、やってみないとわからないってことですかね？」

「その通りさ。人間の中には、『好きなことがない』とか『やりたいことが見つからない』というヤツがいるだろう？」

「いるわね。ロクに試しもしないのに、自分趣味がないんですよって得意そうに言うヤツ！　そんなヤツは結局何もしてないのよ、まったく」

ワカが顔を歪めて吐き捨てた。たぶん、周りにそんな誰かがいたのだろう。そんな人から、

「ワカさん、私のやるべきことを教えてくださーい」

と、聞かれて、「知るかい！」と、プンスカ怒っていたのを思い出す。自分のことは自分にしかわからないんだから、その怒りはもっともだ。

そんなワカの様子にガガがガハハと笑い出した。そして、

「まあ、おまえの気持ちもわかるがね。何もしないヤツほど、無責任にペラペラ話すということさ。世の常だ、覚えていたまえ」

そう言って話を進める。

「つまり、最初は何でもいいのだよ。**今、目の前にあることや興味を持ったこと、今しなければならないことを、とにかくやってみるがね。そうすれば、少なくともそれが自分に向いているかどうかはわかる。**山幸彦が、海での漁をやってみて初めて、『自分には山で獲物を獲ることの方が向いている』と気が付いたように、自分にとっての向き不向きや好き嫌いがわかるのだ」

「じゃあ、**たくさんのことにチャレンジすれば、自分が本当に好きなこと、向いていることに近づくチャンスが生まれやすくなる**んじゃありませんか？」

「その通りだがね。とにかく今、身の回りにあることから始めたまえ。それさえせずに、頭の中だけで『私のやりたいこと』を探していたって、見つからんのは当然だがね。脳内妄想だけでは人生は変わらんよ」

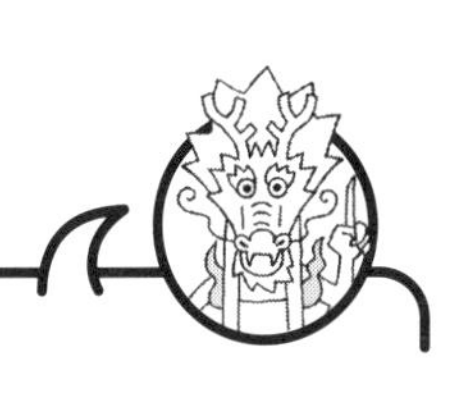

「好きなことがわからない」「やりたいことがない」という言葉を耳にする。

しかし問おう。果たして、行動したのかね？　していないだけではないか。

自分でやってみて、初めてそれが向いているのかいないのかがわかるのだ。

今目の前のやるべきこと。

目に付いて、興味を持ったこと。

やってみたいと思ったこと。

どんなことでも、とりあえずやってみたまえ。

結果が、「好きだ！」でも「あんまり面白くない」でも、初めてそれが自分にとってどういうものかがわかり、次へと進んでいけるのさ。

人生ではすべてのことに勝つ必要はない。負けてもいい分野を持つことも大事です

「そしてふたつ目だが。**人生は、すべてに勝つ必要はないことを頭に入れたまえ。自分にとって意味のあることに勝ちさえすればいい。裏を返せば、負けてもいい部分を理解しておくのだ**」

「ははぁ、よくわかります」

これならわかるぞ、と僕はニヤリとした。

「自分ができないものは素直に認めるのが大事っていうことですよね？　僕でいえば、作家として文章で負けるのは死ぬほど嫌だけど、踊りとかは別に人と張り合おうとは思いませんし」

どうです？　正解でしょ、と僕が自信満々に言うと、

「やだ、タカ。今の時代に踊りって何よ？　せめてダンスって言ったら？」

「ぶはは！　タカの踊りとは面白いがね。あれだろ？　こないだやってた、タコが盆踊り

しているみたいなやつだろ?」

と二人が、いや、一人と一柱が手を叩いて爆笑する。

「し、失礼な! あれはダンストレーニングですよ、盆踊りじゃないし! それにタコじゃなくて、タカですっ」

まさか、アレを見られていたとは……。僕はタコのように顔を真っ赤にして反論した。

「ま、いいがね……ぷは」

まだ笑いやまないのか、息を整えながらガガは続けた。

「タコの、いや、タカの言う通り、すべてが完璧な人間などいないのだよ。**それほど得意でもないことで張り合って、疲弊するほどバカバカしいことはないがね**」

「そうねえ、たしかにいるわ。何でもかんでも張り合おうとする人。そんなことまで、張り合わなくても……って、正直思うもん。くだらない」

そういう人に限って、肝心なところで負けてしまうのだ。

負けるところは潔く負けを認める。そして、大事なところで勝つことに集中することが人生を切り抜けていくコツなのだ、と僕は過去の経験からも感じている。

「山幸彦は、山で獲物を獲ることにさえ負けなければよかったのだ。それが彼の本業なのだからな」

そう言うとガガは意味深な笑みを浮かべて、

「そもそも山幸彦とは、誰の子どもだったか覚えているかね？」

そう問われて僕は、古事記で彼が生まれた場面を思い出す。たしか、ニニギに浮気を疑われたコノハナノサクヤヒメが……。そこまで考えた時に、ハッとした。

「そうだ！　コノハナノサクヤヒメは山の神、オオヤマツミの娘だ。つまり、山幸彦には山の神様の血も流れている。山での狩りが得意なのはあたりまえってことか」

そして、むしろ海で漁をすることが不得意なのも当然だと感じた。

「じゃあなんで、お兄ちゃんの海幸彦は海なわけ？　彼だって山の神様の血を引いてるじゃん」

ワカの疑問はもっともだ。

すると、そんなことはなんでもないとばかりにガガがニヤリと笑った。

「よく聞きたまえ。そこがこの物語のポイントなのだよ。海幸彦は弟が失くした釣り針に異様にこだわった。こうは考えられないかね？　**彼はその道具でしか、うまく魚を獲れなかったとしたら？**」

「つまり、海幸彦はまだ充分に海の力を持ち合わせていなかったってこと？」

言葉を選んで、ワカが慎重に言う。なんとなく腑に落ちた。

「だから海幸彦は、もともとあった釣り針にこだわったのか」

なるほど、それなら海幸彦が意固地になった理由も頷ける。最初はただの意地悪で弟が持ってくる釣り針を拒否していたのだと思ったが、実は自分の道具でなければ力を発揮できなかったのだ。

「もちろんこれは我の憶測ではあるが、あながち間違ってもいないと思うがね。その証拠に、山幸彦は海の神様の娘と結ばれ、海の力も手に入れたわけだ。その結果、海幸彦を退けただろ？　海幸彦は海での仕事を生業にしていたのに、海の力に負けたのだよ」

大事な肝を押さえる。自分の得意不得意を理解しておく。これは意外と忘れていることかもしれない。そして、**不得意なことは不得意と認めたほうがいい。**その潔さが、大事な勝負の時に強さになるのだ。

そしてこの物語で、アマテラスの血筋に山の神様の力（オオヤマツミの娘と結婚）に加え、海の神様の力（ワタツミの娘と結婚）が加わることになる。自然に囲まれた日本の天皇家に相応しい下地が、こうしてつくられていったことが想像できた。

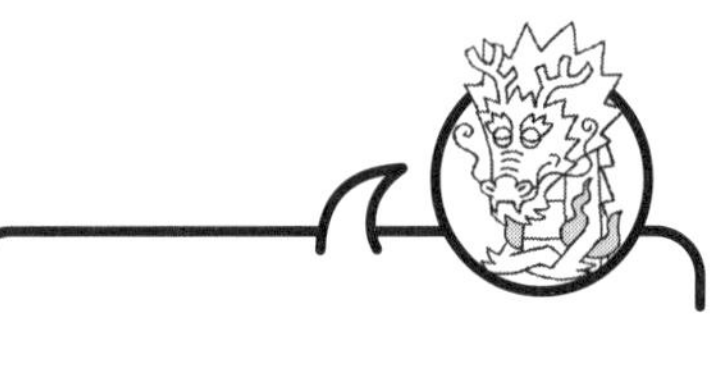

誰にでも得意なものがあれば、苦手なものもある。
すべてのことに張り合おうとしては、疲弊して大事な時に力を発揮できなくなってしまうがね。
これだけは負けられない、というもの以外は、負けを認めることも必要だ。
人生は、意味のある勝負にさえ勝てばいいのだよ。

「相手を許すことで自分も許される」の本当の意味とは？

「結局、海幸彦は自分の弱さを認められなかったから、負けたのかしらね？」

ワカが掌を頬に当てて顔を傾けた。

「それも要因のひとつには違いないが、一番は山幸彦を許さなかったことだろう。**相手を許すことで自分も許される**ということを覚えておくといいがね」

そう言い切るガガに、僕は以前言われたことを思い出した。

「それって、世の中の法則のことでしょうか?」

世の中の法則とは、「相手にしたことが自分に返ってくる」という法則だ。

正確には、したこと自体が返ってくるわけではなく、**相手に抱かせた思いを自分も味わうことになる**というもの。喜びを与えれば喜びが、不快な思いをさせれば不快な思いがという感じで、良いことも悪いことも自分に返ってくる。

今回もそのパターンということだろうか?

するとガガは、「もちろんそれもあるが」と、前置きした上で詳しい説明を始める。

「自分の職場や学校を思い浮かべてみるがね。そこには上司や先生がいるだろう?」

「ええ、いわば指導者という立場ですね」

「そこでだ、その上司や先生がいつも小さなミスも許してくれずに、ネチネチと細かく、厳しいことばかり言っていたらどう思う?」

『うっせぇわ』を歌いたくなるわね」

いや、キミはそんな歌を歌わなくても大丈夫だ。態度でわかるから、うんうん。

『うっせぇわ』は置いておいて、職場も学校もギスギスした空気が漂うでしょうね」

僕は顔をしかめて言った。やだなあ、そんな空気。心のゆとりもなくなるし、みんながイライラして周りにもその空気が広がっていく気がした。そこまで考えて……。

「ん？　ということは」

僕は言葉を区切り、思考を巡らせる。そして、自分たちが厳しくされる分、もしその上司や先生がミスをしたらと考えた。僕の思いを察したのか、ガガが再び口を開く。

「誰でもミスはするのだよ。指導する立場の人間がミスした時のことを思い浮かべてみるがね」

「いつも厳しく言われている分、厳しい目が向くだろうし……」

僕はそう言って手をパンと叩いた。

「わかった。他人に厳しく当たる人は、いざという時に同じ目に遭うんじゃないかな？」

僕の言葉にガガが我が意を得たりと大きく頷く。

「その通りさ。逆に**周りに優しく接している人は、自分が失敗した時でも寛容に許しても**

らえるだろう。それが人というものだがね」

ちなみにこの心理は、「返報性の法則」とも呼ばれ、人は自分が受けた施し（ほどこ）は、その相手に返したくなるというものだ。もともと人間が持っている義理や人情のようなものかもしれない。

海幸彦は、山幸彦がどんなに謝っても、償（つぐな）おうと釣り針をつくってきても許さなかった。自分を許してくれない相手を許そうとは思いにくい。いやむしろ、相手にも厳しくしてやろうという気持ちになるのは当然じゃないだろうか。

頑（かたく）なすぎると、そんな結果になるという戒（いまし）めにも僕は感じた。結果的に、海幸彦は退けられてしまったわけだから。

厳しい時こそ周りに優しく。
それが空気を和らげて、結果として自分自身も救ってくれるのだよ。

困ったらHELPの勇気。「助けて」「手伝って」、その一言が幸運の扉を開くのです

「そしてもうひとつ。**これはオオクニヌシの物語にもあったが、困った時に『助けて』と言えるかどうかも重要だ。そこが運の分かれ目になることもあるがね**」

「運の分かれ目?」

それは大変だ。そこの選択で運命が変わるとしたら、絶対に押さえておきたいところである。できれば、いい道に行きたいのは人の性だろう。

「山幸彦は、海辺で出会ったシオツチにこう聞かれた。『アマテラスの血を引くほどの高貴なお方が、こんなところで泣いておられるのはなぜかいの?』とな」

「はい。で、素直に兄の釣り針を失くしたことも言いましたよね。そして、許してもらえずに困っていることも話しました」

僕は物語を思い出しながら答える。

「では、これがプライドの高い者だったらどう答えると思うかね? なんだかんだ言って

もアマテラスといえば、高天原を統治する偉大な神様だ。そのひ孫にあたる神様が、初めて会った者に、そんなみっともないことを話すだろうか」

ガガに言われ、僕は初めてその意味に気付いた。

「言われてみれば！　余計なプライドが邪魔して、『いや、大したことじゃありませんから』とか適当に答える可能性もある」

「ってか、そういう人の方が多い気がするわね。今の世の中」

僕とワカは顔を見合わせた。

そう。プライドが高い人ほど、見栄を張って自分の弱みを見せたくない心理が働くのだ。カッコいいところばかりを見せようとして、無理をしては悩みから抜け出せずに苦しむことになる。

もし、山幸彦がそんなプライドに邪魔されて、本当のことをシオツチに話さなければ、

「なんだ、心配事があるわけじゃないのか。じゃあね」

と、去られていたに違いない。当然、その後のワタツミやその娘、トヨタマビメとの出会いもなかったことになる。

「困った時には素直に『助けて』『手伝って』と言えることが幸運の扉を開いてくれるの

さ。我々も、人間を助けるために助っ人になる者との出会いを演出したりするが、その時に助けを拒絶されてはお手上げだからな」

そう言ってガガは両手を上げた（正確には短い前足である）。

たしかにその通りだ。そもそも自分ひとりでできることなんて、多くない。いや、たぶんみんな一人ではなにもできない。

夢や目標が大きければ大きいほど、きっと「助けて」の数は増えていくんじゃないだろうか。だからこそ、最初からおかしなプライドは捨てて、できないことはできないと素直に言える勇気が、幸運の扉を開くのだ。

するとガガが、「ただしだ！」と指を立てて続ける。

「他人に助けを求める時には、自分でできることはすべてやってから、というのがキモになる」

「自分でできることをやりもせずに、最初から他人に頼るのはダメってことですね」

「当然だろう。そもそも、自分でまだできることがあるのに助けてもらおうなんて虫がよすぎるがね。それはただの怠け者というのだ」

「ごもっとも」

山幸彦だって、大事な十拳の剣を砕いてまで代わりの釣り針をつくろうとした。それを聞いたからこそ、シオツチも手を貸そうという気持ちになったのだ。

それが、人事を尽くすということ。人事を尽くさない人には、他人も、神様も微笑んではくれないのは当然だろう。

自分だけの努力には限界がある。

そんな時に素直に「助けて」と言える勇気が幸運の扉を開くのだ。

ただし、「自分でできることはすべてやってから」というのが前提となる。

自分でやれることをしないのに、他人が手を差し伸べてくれることなどないからな。

○ たいていの出来事は、「笑いの種」に、そして「幸せの種」にすることができるのです

「さて。この海幸彦と山幸彦の物語の最後に、面白いことを教えてやろう」

そう言ってガガが話し始めたことは、実に興味深く、そしてたしかに面白いものだった。

物語の最後に語られていた「隼人舞」についてだ。

「海幸彦は、山幸彦に対して負けを認めた。そして、山幸彦を守護し続けることを約束したのだ」

海幸彦の一族はその後、「隼人」という官職をもらい朝廷に仕え、宮中の警護を代々担うこととなったのだ。彼は弟との約束を守ったわけだ。

しかし、ガガによれば大事なことは他にあるという。

「隼人の一族は、天皇が替わるごとに、大嘗祭（だいじょうさい）という即位の儀式で隼人舞を舞うのだが、ポイントはその舞の内容だがね」

「舞の内容？」

「はて、それは？」

僕らは首を傾げて聞き返した。

「なんと、そこで舞われているのは、海幸彦が山幸彦に溺れさせられた時の様子を滑稽に表現したものなのだよ。自分が溺れている様子を舞いで表現してみせたがね」

「え、どういうことですか？」

僕は目を丸くした。

わざわざ、そんなことを舞にして後世まで伝えなくても良い気がするけどな。しかも自分のカッコ悪い姿を伝えるなんて、僕なら絶対にしないとここに断言しよう。

すると、僕のそんな疑問に答えるようにガガが言った。

「負けて忠誠を誓ったことを忘れないという意味もあろうが、それならわざわざ舞にせずともよいとは思わぬか？」

「思います」僕は首肯する。

「日本の神様は、笑いの力こそが明るい未来を切り拓くことを知っていたのさ。だから、『どうせやるなら楽しく』ということを忘れなかった。自分の苦しんだ過去さえも、楽しみながら伝えてやろうという気概に溢れていたのだ」

隼人舞は、日本書紀に記された6つの所作で構成されている。
・足もとに波が押し寄せて来てつま先立ちになる。
・膝まで波がきて足を上げる
・股にまで波がきて走って逃げようとする
・腰にまで波がきて腰を撫でる
・脇にまで波がきて手を胸に置く
・首にまで波がきて手を上げてひらひらと振る
どれも、自分が溺れた時の様子を表現したものだ。

これらの動作を組み合わせた舞で、人々を楽しませようとした。

「どうせやるなら楽しみながら」

そんな気持ちがあったからこそ、現代に至るまでこの隼人舞は続いてきたのだ。

「なんていうか、エンターテインメント感がハンパないわね。日本の芸っていうか、お笑い精神っていうか、とても粋(いき)だわ」

「うん、長い時を超えても僕らに、見る側と見せる側の両方の気持ちを教えてくれている気がするよ。見事なもんだ」

本当に深すぎる。僕らは感心して、ため息を吐いた。

「せっかく生きているのだからな。この世を楽しんだ方がいいではないか。楽しめばそれだけで勝ちだがね」

ガガがガハハと笑い声を上げた。

生きていればつらいことも、苦しいこともあるだろう。
そんなときこそ楽しむこと、楽しみを見つけることが原動力になる。
「どうせやるなら楽しみながら！」
海幸彦は弟に負けてしまったが、
こうやって最高の教えをここに残してくれたのだ。

7章

神武天皇誕生

謙虚さを
忘れない

初代・神武天皇誕生の物語

——人は皆、太陽と共に生きている

さて、物語はついに今の天皇家の話につながっていきます。ここからは、具体的な地名なども登場しますので、現在の地名も合わせて記載していきましょう。

ウガヤフキアエズの末っ子、カムヤマトイワレビコは兄のイツセと共に、かつてニニギが天降った高千穂にて、「ううん、悩ましいな。兄さん、一体どこの地ならば、天下を治めるのにふさわしいだろうか？」という相談をしていました。

「この国には多くの土地がある。やはり直接見てみないとわからないだろう」

「そうだな。それでは二人で、その地を探そう」

そんな感じで兄弟はついに、その答えを探すために旅に出たのです。

これが有名な、「神武東征（じんむとうせい）」の始まりです。

九州の高千穂を出発した二人は、まず宇沙（大分県）を経て、筑紫（つくし）（福岡県）の岡田宮にて一年を過ごしました。そして、阿岐（あき）（広島県）の多祁理宮（たけりのみや）へ移動し七年、吉備（きび）（岡山県）

の高島宮へ移動し八年滞在します。その間にも各地の神々を味方につけて、少しずつ軍を大きくしていきました。多くの仲間を得ての旅となったのです。

「東への道」の意外な落とし穴

しかし、そこから更に東へ進み、白肩津へ停泊した時のことでした。そこにはその土地を支配していたナガスネビコの軍勢が待ち構えていたのです。彼らは必死に応戦するも、イツセが敵の矢を受けて深い傷を負ってしまいました。その時、イツセは、

「そうか……私は、太陽の女神（アマテラス）の子であった。それなのに太陽（東）に向かって進み、戦ってしまった。ああ、それがよくなかったのだ。だから、賤しい奴らから手傷を負ってしまったに違いない。よし。すぐに迂回して、太陽を背に戦おうぞ」

そう宣言すると、船で現在の紀伊半島を南下して熊野へ回り込もうとしたのです。

しかしその途中、紀伊国の男之水門（大阪府泉南市男里付近）に着いたところでイツセは力尽き、

「ああ、私は賤しい奴らの手にかかり、死んでしまうのか」

と、無念の叫びを上げて死んでしまいました。イツセの陵は、そのまま紀国の竈山（和

歌山市和田）にあります。

兄のイツセを失った後は、弟のカムヤマトイワレビコが中心となり進軍を再開。ついに熊野へ到着した時のことです。大きな熊を見かけたかと思った瞬間、妖気（ようき）にやられたかのように皆、気を失ってしまいました。

どのくらいの時が経ったでしょうか、彼らが目を覚ますと目の前に一人の男が大刀を片手に立っていました。そして片膝をついて恭（うやうや）しくその大刀を献上してくるのを見て、カムヤマトイワレビコはその男が自分たちを救ってくれたのだと気付き、事の次第を聞くことになります。

男は、熊野に住むタカクラジというものでした。ある日、彼は不思議な夢を見たのだと話します。アマテラスとタカミムスヒが、自分たちの子孫を心配し、国譲り成功の立役者であるタケミカヅチを呼び出して、こうおっしゃったのだと。

「まだまだ葦原中国は騒がしいようだ。おまえが行って、彼らを助けて参れ」

するとタケミカヅチは、首を横に振り、

「いいえ。私が行かなくとも、あの国を平定した大刀がございます。これをかの地に住むタカクラジのもとへ降ろしましょう」

そうアマテラスへ進言すると、タカクラジに向けてこう指示したのです。

「そなたは、私の降ろした大刀を探し、それを日の御子へ献上しなさい」

タカクラジはその夢のお告げに従い、大刀を見つけ、こうして日の御子、つまりアマテラスの子孫であるカムヤマトイワレビコへ献上しに来たとのことでした。

日本書紀によればこの時に献上した大刀こそが、香取神宮に祀られる剣を神格化した神様、フツヌシ。国譲りではタケミカヅチと共に活躍したことから、彼の祀られる鹿島神宮と共に「鹿島・香取」と並び称されるほど一対の存在にある神様です。

三本足の八咫烏（やたがらす）に導かれて

そして彼は続けて、タカミムスヒからの命令を伝えました。

「天つ神の御子よ。これより先には荒ぶる神々が数多（あまた）いるので勝手に行ってはなりません。今、天より八咫烏（やたがらす）を遣わすので、その先導に従って進むが良し」

カムヤマトイワレビコがその言葉に従って進むと、道中様々な人々と出会いました。多くは、「おまえは誰だ?」と問うと、隠すことなく素直に名前を名乗ったと記されています。素直に名前を名乗るのは、恭順の意味をあらわしており、彼が行く先々の土地を支配下に収めていったことを示しています。

しかし当然、反抗する者たちもいました。宇陀のエウカシは、カムヤマトイワレビコを迎え撃とうと兵を集めるも思うように集まらなかったため、服従を装って屋敷に誘い込んで殺そうと謀ります。しかし、エウカシの弟オトウカシが事前にカムヤマトイワレビコにこの企みを知らせてくれたおかげで、その罠を利用して逆にエウカシを倒すことに成功したのでした。

忍坂では、尾の生えたツチグモという猛者たちが待ち受けていましたが、それを知ったカムヤマトイワレビコは、ご馳走を用意して彼らを宴に招待したといいます。そして、配膳係一人ひとりに密かに刀を持たせて、歌を合図に斬りかかってツチグモたちを倒すことに成功しました。そうして、カムヤマトイワレビコの軍勢は、各地を平定しながら進み、畝火の白檮原宮(奈良県橿原市の橿原神宮)にて、ついに初代神武天皇となられたのです。

「日に向かっての戦い」ではなぜ負けたのか？ 恩義ある人を蔑ろにすることの愚

「いや～！　いよいよ初代神武天皇の誕生ですね。ここからは、具体的に今の地名も出てくるので、ますます身近な話として楽しめると思います」

僕はホクホクしながら言った。古事記を描いた本は多しといえども、ここの部分を書いている本は少ないぞ。ふふふ、やるな俺、と心の中で思うが言わないでおく。

だがこれはとても重要な部分だと思っている。なんせ、神代から人代に移り替わる過渡期となる時代だし、日本神話の中では珍しい「英雄伝」が描かれているからだ。

カムヤマトイワレビコとその兄イツセは、ニニギから三代にわたって過ごした九州の高千穂を出発した。そして福岡、広島、岡山、そして大阪に和歌山と、瀬戸内海に沿って東へ進んでいるのがわかる。いわゆる神武東征というやつである。

「私この部分、ドラマチックで好きなのよ。私たちにもない？　何がふさわしいか、どこが適切なのかって悩むこと。そして、得たり失ったりを繰り返して道を拓いていくの。それって人生そのものじゃん」

ワカがコーヒーをカップに注いで、僕に手渡す。

ありがとう。ちょうど一息つきたかった。コーヒーの香りってどうしてこんなに心を緩ませてくれるのだろう。

「うむ、まさに古事記のこの部分は大切だがね。実はこの物語、すでに最初の部分で最も大事なことを教えてくれているのだが……タカは気付いたかね？」

ガガが試すような目線を向けてくる。

「最初の部分で」「最も重要な」ことか。なんだろう？　僕は腕を組んで頭を捻った。

カムヤマトイワレビコは、自らの足で旅に出たわけだから……。

「うーん。ひとつのところに留まるのではなく、自分の足で踏み出すことが大事ってことですかね？」

僕の答えにガガは二度三度と頷くと、

「まあ、それもある。しかし、それ以上に大事なのが『**恩義のある人を大切にする**』**ということ**だがね」

「恩義ある人？　自分の親とか、恩師とか、そういう人のことですか？」

「さよう。特に親だな。親を大事にせぬものは、周りからの信頼も得られんものだ。無論この世には様々な人間がいるから、毒親も存在するのは承知だがね。しかし、自分をこの世に産みおとしたこと、それだけは事実だ。親に戦いを挑んではならぬのだ」

そこまで聞いて僕は、左の掌を右の拳でポンと叩いた。

「なるほど！　イッセは、日の御子なのに太陽の昇る東に向かって軍を進め、戦ってしまいました。それはつまり、アマテラスに向かって弓を引くようなもので……」

「正解だ」

僕が言い終わらないうちに、偉大なる龍神は満足そうにうなずいた。

「タカの言う通りだがね。自分に向かって弓を引かれては、アマテラスとて防衛するしかないだろう。たとえ日の御子とはいえ、太陽のご加護が受けられんのも当然といえる。だから彼は深い傷を負い」

「死んじゃったわけですね……」

そんなことくらいで、という気持ちが頭をもたげる。大体、イッセは戦っているうちに気が付いたじゃないか。だから、それまでの戦い方をやめて方向を変えようとしたのに。もっと生かしてやっても良かったと思う。

するとそんな僕の真意を汲み取るようにガガが言葉をつなぐ。

「おまえの気持ちはわからなくもないが、よく聞きたまえ。日本人にとっての恩とは、決して一方通行ではないのだ。恩を感じれば、それを返したいと素直に思うのが日本人の心だがね。世話になった人に恩を返したいと思う。親の恩、師の恩、社員の恩、客の恩。それは必ず、双方あって初めて成り立つものなのさ」

「たしかにね。恩だけじゃなく、心も一方通行では成り立たないもの。相手の恩を感じて、そしてそれを返したいと思う双方の心が成り立たなければ、世の中はうまくいかないもんね。それが本当の助け合いの精神だと思うわ」ワカが言った。

その通りだった。そしてそれこそが、日本の神様が得意とする精神なのだ。

八百万の神様は、みんなで力を合わせて僕たち人間を守ってくれる。だけど同時に、神様は僕たち人間の祈りによって力を持ち続けるという事実もある。

「神は人間の祈りで力を増し、その代わりに人間に幸運を授ける」とは、鎌倉時代の法律、御成敗式目(ごせいばいしきもく)に書かれていることだ。

つまり神様も、そんな人間に恩を感じるから僕たちを助けようと思ってくれる。そして僕たちも神様に守ってもらえる恩を感じるから、感謝の気持ちをあらわそうとするのだ。

恩とは決して一方通行ではない、というガガの言葉が心に染みた。

そして、恩で結ばれた社会ほど、温かなものはないような気がした。

「だからこの物語でイッセは、恩のある人に対する感謝を忘れてはいけない、行動で示さなければだめなんだと、僕たちに教えてくれているのか」

命を失くしてまで……。僕はイッセに少しだけ同情的な気持ちになった。

彼だって、そんなつもりは毛頭なかったに違いない。だけど、知らず知らずに恩を軽んじる行動をとってしまうことは誰にだってあるんじゃないだろうか。そう、無意識に恩をあだで返していることが。振り返ってみて、思い当たることがあったらすぐに直そうと僕は思った。もちろん、これから先も。


ここまで育ててくれた親。

会社で助けてくれる上司や先輩。

相談に乗ってくれる友人。

誰にでもそんな人が、一人や二人はいるはずだ。

だから恩に感じなさい、ということではないがね。
「ありがとう」と自然に湧き上がってきた嬉しさ。
それを返したいと思う素直な気持ち。
湧き出る心を大切にしてほしいがね。
それが温かい「お互い様」の気持ちを育んでいくのだからな。

今、動き出そう。明日の自分のために

「そして先ほどタカの言った、自ら行動を起こすこと、一歩を踏み出すことももちろん大切なことだがね」

「じゃあ、僕の答えもあながち間違いではなかったということですね」

よかった、とガガの言葉に僕は安堵（あんど）する。

ニニギが高千穂に降り立ってから、ホオリ（山幸彦）、ウガヤフキアエズと、三代にわたってこの地で過ごしたとされている。降臨の地とされる場所に鎮座する、高千穂神社や霧島神宮に「日向三代」として祀られていることからもよくわかる。

それゆえに長く過ごした土地を出るのは勇気が必要だったのでは、と僕は想像した。新しい世界に飛び出す時は、とてつもなくこわいからだ。

「さよう。**誰でも新しいことに挑戦する時は、リスクや不安を考えて二の足を踏んでしまうものだがね。しかし、迷っている間にも世界はどんどん変わっていくのだ。**現代でも音楽やファッション、映画に食べ物など、変化がすごいだろう？」

「本当にそうですね。どんどん新しいものが出てきます。日々変化するから、僕たちも常に流行りをチェックしていますよ」

仕事柄もあるが、僕は世の中の動きに敏感でいるように心がけている。古いものはもちろんいいが、それだけにこだわっていると心が止まる。だから僕は、10代や20代の流行りもチェックする！　46のアラフィフなのに！

「慣れたことだけしているのは楽だがね。だが、現状維持では進歩はない。現状維持はただの退化なのだよ。同じことの繰り返しでは刺激もなく、やがて老け込む。つねに新しいものに触れるワクワク感が、若さを保つのだ」

そう、新しいものに敏感になると、刺激も多くなり気持ちに張りが出る。いい意味で緊張感も出るし、若い奴らにはまだまだ負けやしねえよと、気合も入るのだ。

しかし……。

「とはいえ、言うは易し！　わかっていても、やる勇気がない人の方が多いのが現実じゃない？　おっさんおばさん、じいさんばあさん、まだまだ人生楽しくアミーゴ〜って思うけどさ。そんな人が一歩踏み出せるコツってないかしらね？」

……。

妻よ、なんつー聞き方だ。だいたいなんだよ、まだまだ人生楽しくアミーゴって。

ただ、言いたいことはよく伝わる。「どうせおじさんだし」とか「もうばあさんになっちゃったし」とか、そんなことにこだわらないで、興味が湧いたことに素直に乗ってみればいいんじゃないかってことなのだ。

そして、その答えも古事記の中に隠されているのかもしれないと期待する。

「まったくおまえはバカだがね。しかし面白いからよしとしよう。年齢のことはひとまず置いておくが、**ひと言で言えば、挑戦できんヤツは無駄なことを考えすぎ**なのだよ」

「考えすぎ？　どーゆーこと？」

「簡単に言えば、新しさに飛びこんだ時のリスクばかりを考えてしまうがね」

「なるほど、わかりやすいです」

ガガの言葉に僕はポンと手を打った。

新しいことを始めたいけど、失敗したら周りからカッコ悪いと思われる。

美味しそうなお店を見つけたけど、マズかったら損した気持ちになるのが嫌だ。

映画を観たいけど、面白くなかったらお金がもったいない。

新しい土地に引っ越したいけど、そこに馴染めるかどうか不安だ。

そんな感じに、挑戦しないための言い訳ばかりが頭に浮かんでは怖じ気づく。ぐるぐる頭の中だけで考えているうちに、やがてお腹がいっぱいになり、新しい世界へ飛び込むこと自体をやめてしまう。

そうして結局、現状維持を選んでしまうのだ。

「しかし、これだけは覚えておくがね。**裏を返せば、多くの者が躊躇（ちゅうちょ）することほど、成長するチャンスがそこに転がっているのだよ。**新しい世界へ飛び込むことは、今までにないスキルを身に付け、経験を積めるチャンスでもあるわけだろう？」

ガガの言葉に、僕とワカは素直に頷いた。

「そんな時は、**リスクよりメリットの方をまず考えてみるといい**。新しいことを経験した自分を想像するのだ。その時に楽しい自分が想像できれば、それはきっと実現するからな。大それたことでなくてもいい、小さな新しい挑戦が日々の新陳代謝を生むのだ」

それにな、とガガが悪戯っぽい目を僕たちに向けて、

「おまえたちのように、好奇心に勝てないのも、このタイプだがね」

ガハハと笑った。

好奇心とは、物事を探求したいと思う心。探求することは、未知なるものを探し求めることでもある。なるほど、好奇心を持つというのは、新しい世界へ飛び込むための原動力になるということか。

イツセとカムヤマトイワレビコは、天下を治めたいと思った。

そのためには、それに相応しい土地でなければいけないと考えた。

自分たちが、天つ神の子がこの国を治める。

そんな楽しい想像を止められなかったから、好奇心を抑えられなかったから……。

この日本はこんなに長く続く、素晴らしい国になったのだ、きっと。

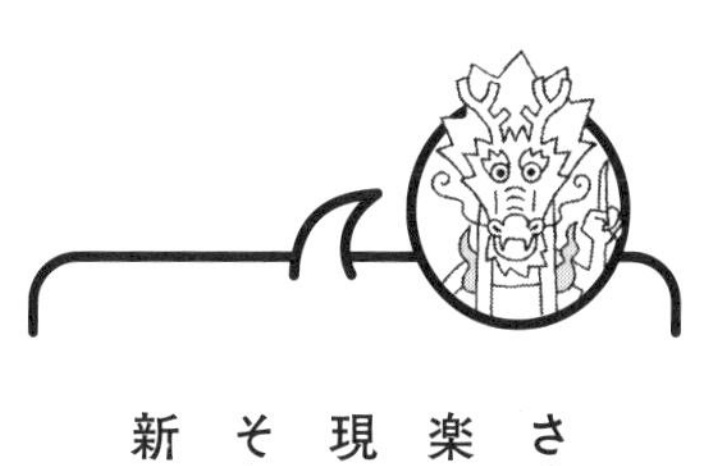

さまざまなことに興味を持つ。

楽しそうだと感じたことはやってみる。

現状維持に縛られずに、好奇心に忠実になること。

それが、人を大きく成長させるのだ。

新しい世界への扉は、すでに諸君の目の前にあるのだよ。

起きることには理由がある。それは、「あなたがやってきたこと」だから

「じゃあ好奇心に勝てない私の性格も、あながち悪いものじゃないのね～」

ワカが満足そうに鼻を膨らませた。

「ま、キミはその好奇心で、積もった雪にダイビングして雪ダルマになったり、公園のブ

ランコからジャンプして子どものようにはしゃぐわけだね」

僕がからかうように言うと、「そうよ〜、こんなことできる40代はいないでしょ」と誇らしげ。いや、褒めてるのとはちょっと違うんだけど、妻にとっては自分のその行動が誇りらしい。僕らのやり取りに、ガガが声を上げて笑った。つられて僕も笑う。

そう考えると、好奇心に勝てないのも悪くない気がした。

なぜなら、楽しいからだ。**やっぱり楽しいが最強だ。**

もちろん、新しいことに挑戦するのはいいことばかりじゃないし、困難が伴うこともある。**それでも心が向く方向へ進んだ方が後悔しないし、その経験によって得られるものは大きい**と、僕は信じている。

僕はそれを身をもって経験した。選挙に立候補した時がそうだった。10年前の東日本大震災の時の政治家の不甲斐なさに憤り（まぁ、政治家が不甲斐ないのはいつの時代も変わらないと今は思うのだけれど）、怒りまくった僕はなんと、宮城県の県会議員選挙に立候補したのである。

「あの時は大変だったわね、タカ。右も左もわからないから、一から勉強したりさ」

ワカの言葉に僕は当時を思い出して苦笑した。

だいたい、それまで政治なんてさほどの興味もなかった僕が突然、「俺がやる!」と立ち上がったのだ。バカだな~とは思うけど、本気だった。立候補したのは震災の年の10月で、そして投票日は翌月の11月だった! 準備も何もあったもんじゃない。そして、大げさじゃなく何もわからない状態だった! だからなかなかに大変だったのをよく覚えている。

すると、僕の何気ないひと言にガガの目がキラリと光った。

「では聞くが、タカはその大変な時を、どうやって乗り切った?」

「それまで一緒に仕事をした仲間や、友人たちが助けてくれましたね。えっ、この人が?という人まで手伝いに来てくれて、ビックリしたのを覚えています」

中には、僕のリーフレットを自転車で被災地中に配って回ってくれた同僚もいたほどだ。自転車に乗りすぎて痔になった、と後から聞かされた時は、ごめんと思いつつ笑ってしまったのを思い出す。たくさん差し入れを持って来てくれた人もいたし、仕事が終わった後に必ず事務所に寄ってくれた人もいた。今となってはいい思い出だ。

「ありがたかったですね。あんまりみんなが手伝ってくれたものだから、『もしかしたら自分も、その人たちに何かをできていたのかな?』って思いました」

しみじみと僕は言った。あの時は本当に嬉しかった。

「それなのだよ」

と、ガガが声を上げた。我が意を得たりという表情である。

「いいかね。人間の周りで起きることにはすべて理由があるのさ。それが世の中の法則だがね。したことが返ってくる。良いことも悪いこともすべてだ。神様の物語でもちゃんと証明されているではないか」

カムヤマトイワレビコは、旅の途中で何度もピンチに襲われたが、その都度、助けてくれる者があらわれて乗り切っている。熊野ではタカクラジに救われ、宇陀では敵の弟からの情報で助けられた。

「それはすべて、これまでに自分がしてきたことなのさ。先ほど『恩は一方通行ではない』という話をしたが、相手が恩に感じたならば、ちゃんと助けてくれるのだ。そしてそれは、宇陀の話でよくわかるだろ?」

僕は宇陀のエウカシのくだりを読み返してみた。彼は、カムヤマトイワレビコを討つために軍勢を集めようとしたが思うように集まらず、弟のオトウカシにまで裏切られている。エウカシはどちらかというと、周りに嫌われていたんじゃないだろうか。それを想像すると、彼がこれまで周りにどんな行動を取ってきたかが、なんとなくわかる気がした。

「でもガガ。熊野の時はどうなの？　別にタカクラジに恩があったわけじゃないと思うんだけど」

ワカがもっともな疑問を口にすると、ガガはチッチッと指を左右に揺らした。

「返ってくるのは本人だけとは限らんのだよ。自分の家族や子孫が恩恵を受けることもある。それを覚えておきたまえ」

なるほどね。実はタカクラジもニギハヤヒという天つ神の子であり、タケミカヅチの授けた大刀フツヌシだって天つ神として、アマテラスの恩恵をいっぱいに受けているに違いない。だからその子どもたちを助けてくれたということか。

その時、ある出来事を思い出した。

以前、実家宛に届いたお歳暮を見て、僕が送り主は誰かと尋ねた時のことだ。

「昔、じいちゃんが助けたご夫婦だよ。じいちゃんが死んだ後も、感謝の印としてずっと送ってくれているんだ」

それだけ嬉しかったんだろうなあ、と父が教えてくれた。

やったことが返ってくる。世代をも超えて……。

「いい話だわ。やっぱりこの世は人と人なのよ」

「ほんとにそう思うよ。僕も周りの人たちに優しくなろう」

背筋を伸ばしてそう言うと、

「くわーっ！　タカはまず我に優しくしたまえ！　我はいつもおまえにイジメられてるがね！　過重労働だがね！　龍神虐待なのだよ！」

えーっ？　と、慌てて否定した。

「そ、そんなことしてませんってば！」

まったくもう、せっかくいい形で締めようと思ったのにさ。

起きることはすべて、自分がやってきたことの結果だ。自分の行動で未来が決まるなら、すべての原因が自分にあるならば、いいことが起きる原因をつくる心がけをすればいい。楽しいことが起きるための種を蒔け。花咲く、明るい未来のためにな。

そして、長い長い神様の物語からついに初代神武天皇が誕生して、僕たち人代の歴史へと移行していくことになる。

このように神様の物語から人間の物語へと移り変わる神話は、日本神話くらいだ。神様と人間に境界をつくらないしなやかな精神こそが、日本人の素晴らしいところだと思う。

そして最後に、初代神武天皇に至るまでやりきることの大切さ、その意味について書き、このお話を締めようと思う。

○やり遂げることの大切さ
～なんでも中途半端で終わってしまう人に向けて～

「こうしてついに古事記も、神様の『神代』のお話から、天皇の『人代』の歴史へ移行していくわけですけど。神様がここまでつないでくれたことの意味が大きい気がします。やりたいことをやり抜くのに必要なことを、最後に教えてもらえないでしょうか」

僕たちはガガにリクエストした。

今は、何事も中途半端に終わってしまう人も少なくない。それでも、せっかくこれだけ学ぶべきものがあるのだから、最後までやり切って欲しいという思いからだった。

「いいだろう」

と、ガガは表情を引き締めていった。

「キモから話そう。何をやっても続かない。最後までできない。飽きっぽくてすぐに投げ出してしまう。そういうヤツは、単に……」

「単に？」

単になんだろう。僕らはガガをジッと見た。

「恐いだけなのさ」

恐い？　面倒だとか、根気がないとか、そういうんじゃなくて、恐い？

僕とワカは顔を見合わせる。

「ガガ、それって具体的にどういうこと？　わかるようで、わからないわ」

「もう少し言うと、**最後までやり遂げた時にその結果を見るのが恐い**のだよ」

「つまり、失敗するのが恐いということですかね？」

僕の言葉にガガは、少し考えるように「うーむ」と唸ると、

「もちろんそれもあるだろう。しかし、傷つきたくないと言った方がいいかもしれんな。**うまくいかぬ場合、自分がやったことは無駄だったのではないか、意味のないことをしていたのでは、と傷つくことが恐いのだよ。**うまくいかなかった結果を他人に評価されるのが恐ろしい。要するに、初めから結果を出さぬようにしているのだよ。だから最後までやり切らん」

「ふーん、なんか納得。よく、『あの子は飽きっぽい』って言葉を聞くけど、根底にはそんな心理が働いていたわけか。ちょっとわかる」

そう言ってワカが腕を組んだ。

人は夢をみる。もしかしたら自分には人にない才能があるんじゃないかとか、誰にもできないことを成し遂げられるんじゃないかとか、多くの夢をみる。

だけど、その多くは夢で終わってしまう。

本気で取り組まないからだ。

遊び半分でやっているうちは、いくらでも逃げ道がある。適当にやっていても、そこそこの結果は出せるかもしれない。まあ、こんなもんだろう、と自分で満足できるうちはま

だ本気じゃないのだ。

だけど、本気になれば否が応でも、キツくなる。それはつらさでも、苦しさでもないのだが、きっと自分に余裕もなくなる。もしかしたら、傍から見てあまりカッコいい姿じゃないかもしれないし、「夢みたいなこと言ってないで現実を見なさいよ」と、バカにされたりもするかもしれない。

だけど、本気ならやればいい。そうだろう？

「ガガさん、本気になるクセみたいなものってつくれませんかね？　人間って意識ひとつでいくらでも変われますし、この古事記の神様の教えを、僕もしっかり続けたいと思うので」

僕は心からガガに言った。

だって、もったいないじゃないか！　僕はここまで本を書いたし、今この文章を読んでくれている人たちもここまで一緒に学んできたんだ。

きっと、本気で学びたいと思ったからここまで読んでくれたんだと思う。

そして、ここまで読んだことで、きっと読者一人ひとりの心の中に何らかの「本気の灯」が灯っているはずだ。それをなかったことになんかできない。いや、したくない。

僕は強くそう思った。

するとと、ガガはニンマリ笑みを浮かべ、語りかけるように言った。

「今、おまえがすでに答えを出したではないか」

「え？」

「簡単なことさ。どんなことでもいいから、ひとつやり切ってみることだがね。おまえはこの本を書き切ったし、読者はちゃんとこの本を読み終えた。すでにそれぞれが結果を出したのだよ」

な、なんと。

「まずはひとつ、最後までやり切ってみる。これが本気を育む極意なのだ」

龍神ガガの言葉が響く。

「なんでもいい。ひとつやり切ることで、必ず結果は出るがね。成功して評価されても、失敗して笑われてもいい。たとえ笑われても実際は大したことはない。転んだけれど、恐れていたほど痛くなかったと、そんなもんさ。**あとはその結果を堂々と受け入れるがね。**経験値が上がったのだ。そして、また別の何かでそれを繰り返すのだ。いつしか本気のクセがつく。泣いたり笑ったり、傷を負ったり回復したり、人の情けに触れて心があたたかくなったり。**本気の人生は面白いのだよ。この素晴らしい人生は、自分で膨らますしかないのだ。そして、この世の素晴らしさを体感できるのも、自分自身しかない**」

ガガの愛が心にしみた。いいことばかりではないけど、やはり人生は素晴らしいものだ。それは日々の出会いや経験でどんどん拡大していく。

頭で考えているうちは、恐い想像ばかりが膨らんでしまうけれど、日常の小さいことから本気をクセづけていくことは、誰にでもできると思った。

だからこそ、不必要に恐れないでひとつの結果を出してみることが重要なんだ。

神様だってそう。

一目惚れして即結婚しちゃったり、感情のままに相手を傷つけてしまったりする。だけどそのたびに何かに気付いては、またスタートしていく。その繰り返し。

長かった神様の歴史も、目の前のことに一生懸命に取り組んだ結果が、積み重なってできたものなのだ。

それを、結果を恐れずに繰り返してきたからこそ、僕たち人間の世界までたどり着いてくれた。

その歴史を止めないためにも、ここから先に進むためにも。

僕たち自身が、なりたい自分を目指して毎日を生きていく。

今、これを読んでいるあなたも、僕らと一緒に。

「そもそもだな、せっかく神様たちが失敗を重ねる姿をあけすけに見せてくれたのだ。神様だって失敗の連続なのに、人間たちがそれを恐れてどうするのかね？　**恐がることはない。人生はちゃんとうまくいくのだよ！**　我々が付いているのだからな」

「その通りですよ。日本の神様方はもちろん、私たち龍神も皆さんをしっかりお守りしておりますから」

ガガと黒龍の優しく、あたたかい声が響いてきた。


災害やウイルスなど、様々な困難が起きるのが今の世の中だ。

だが明けない夜はないし、やまない雨もない。

希望はいつでも諸君のそばにある。

自分を見失わずにやりたい道を選んでいくがね。好きな道を歩んでい

けばいい。自分で道を決められる者は、強く美しい。
皆、最初は迷うものだ。しかし、今日から変われるとしたらどうだろう？
多くの者が「自分」をしっかり生きられるように。
ただそんな思いで、黒龍やタカ、ワカと共に、神々の話をしてきた。
さあ、ここからは諸君が主人公だ。
諸君の人生の主役は諸君自身、どんな脚本にするかね。
ハラハラドキドキ、だが最後は心温まる、素敵な物語にして欲しいのだよ。
幸運を祈っているがね！
諸君に幸あれ！

おわりに――知れば知るほど好きになる、日本の神様と強さの秘密

この企画をやりたいと声をかけていただいたのは、一年前の春のこと。

まさに世界中が未知の新型ウイルスに襲われ、異例の「緊急事態宣言」が発出された時でした。

連日メディアの報道で不安を煽られ、何が正しいのか何が本当なのかわからず、迫りくる不安に押しつぶされそうだったあの頃。

苦しい時でも強く、しっかりと自分の足で立てる人でありたい。

そのための道しるべとなる、これまでにない本をつくりたい。

そんな熱い思いをぶつけられたのを、昨日のことのように覚えています。

そのためにはどんな本が必要か？　それを考えた時に僕の頭にふと思い浮かんだことがありました。

それが日本の神様の物語『古事記』です。

冒頭のガガさんの言葉通り、僕らが住むこの日本は、世界一危険な国と言っても過言ではありません。

世界でも有数の地震大国であることはもちろんのこと、地震が多ければ当然、津波の危険も大きくなります。実際、日本は長い歴史の中で度重なる被害を受けています。これは２０１１年の東日本大震災を見ても明らかでしょう。

それに加えて、この小さい島国に１００以上もの活火山がひしめいている事実も無視できません。これだけの災害と隣り合わせの国は、世界広しと言えども他にありません。

そんな中で、日本人は強い精神性を持って生きてきました。

とにかく日本人の防御本能はハンパじゃありません。それはコロナ禍においても顕著であると僕は見ています。

ここでいう防御本能は、神経質とは少し違うもの。**解決するまで、凛と耐え偲ぶことができるという独特の強さ**を意味しています。

日本人が、うがい・手洗い・マスク着用を当たり前のこととして冷静にやっていること自体が、世界から見たら考えられないことでした。世界各地ではヒステリックな暴動が起きていたのに、です。

ある意味、世界で最もポジティブなのは、日本人と言ってもいいほどです。

人間の力では抗えぬ自然の驚異と共存してきた日本人だからこそ、流れに身を任せつつも、その中に勝機を見出すことができる。

そして、その精神性から生まれた文化が、日本特有の神様との付き合い方なのです。

そこで僕は、**日本の神様の物語である古事記から「日本人の強さの秘密」を見つけ出そう**と考えました。

とはいえ、日本の神様は時にいけずで、彼らの方から「こうしなさい」「ああしなさい」という細かいことは教えてくれません。

仏教は仏の教えなので、仏の道と書いて仏教。キリスト教は、キリストの教えなのでキリストの教えと書いてキリスト教。

ですが、日本の神様は**「自分で道を見つけなさい」**とおっしゃる。だから、神の道と書いて神道となった。

そこで今回は、龍神のガガさんと黒龍さんにお願いして、多くの人にもわかりやすい神様からの学びを解説してもらおうと考えました。

僕も古事記の物語をできるだけ読みやすく現代語で書き、そこに高田真弓先生のイラストを加えて、よりわかりやすくなったのではないかと思っています。

古事記に親しみながら日本人古来の強さを知ってもらうことで、より良く生きていくための一助になってくれたらと願ってやみません。

そしてこの企画を僕たちにくれた、編集者の荻田真理子さん（まりちゃん）には深く感謝致します。素敵な企画をありがとう。

多くの人が、これからの時代を強く明るく生きていけますように願いを込めて。

令和3年初夏　仙台の仕事場にて

小野寺S一貴

参考文献

■『古事記』 倉野憲司《校注》（岩波文庫／岩波書店）
■『古事記』（日本の古典をよむ1） 山口佳紀、神野志隆光《校訂・訳》（小学館）
■『日本書紀（一）』 坂本太郎、家永三郎、井上光貞、大野晋《校注》（岩波文庫／岩波書店）
■『古事記』（新編日本古典文学全集1） 山口佳紀、神野志隆光《校注・訳》（小学館）
■『日本書紀』（新編日本古典文学全集2） 小島憲之、直木孝次郎、西宮一民、蔵中進、毛利正守《校注・訳》（小学館）
■『風土記』（新編日本古典文学全集5） 植垣節也《校注・訳》（小学館）
■『日本神話伝』 はしの蓮《著》（飛鳥新社）
■『日本の神様読み解き事典』 川口謙二《編著》（柏書房）

小野寺S一貴（おのでら えす かずたか）

作家・古事記研究者、1974年8月29日、宮城県気仙沼市生まれ。仙台市在住。山形大学大学院理工学研究科修了。ソニーセミコンダクタにて14年、技術者として勤務。東日本大震災で故郷の被害を目の当たりにして、政治家の不甲斐なさを痛感。2011年の宮城県議会議員選挙に無所属で立候補するが惨敗。その後「日本のために何ができるか？」を考え、政治と経済を学ぶ。2016年春、妻ワカに付いた龍神ガガに導かれ、神社を巡り日本文化の素晴らしさを知る。同時に、日本の神様の物語「古事記」に興味を抱き、追究を続けている。
著書『妻に龍が付きまして…』、『龍神と巡る命と魂の長いお話』、『やっぱり龍と暮らします。』などの龍神ガガシリーズは累計28万部のベストセラーに。龍神ガガが登場しない『妻は見える人でした』も好評。現在も「我の教えを世に広めるがね」というガガの言葉に従い、奮闘している。

ブログ「小野寺S一貴　龍神の胸の内」
https://ameblo.jp/team-born/
メルマガ「小野寺S一貴　龍神の胸の内【プレミアム】」（毎週月曜に配信）
https://www.mag2.com/m/0001680885.html

日本の神さまから拝借しちゃう人生のルール
令和・龍神読み解き「古事記」

2021年8月1日　第1刷発行

著　者　小野寺S一貴
発行者　佐藤 靖
発行所　大和書房
東京都文京区関口1-33-4
電話：03-3203-4511
ブックデザイン　小口翔平＋奈良岡菜摘＋阿部早紀子（tobufune）
イラスト　高田真弓
校　正　鷗来堂
本文印刷　厚徳社
カバー印刷　歩プロセス
製　本　小泉製本

ISBN978-4-479-77233-0

http://www.daiwashobo.co.jp/